郑杰 ◎ 著

学校的秘密

THE
SECRET —— OF
THE SCHOOL

修—订—版

中国人民大学出版社
·北京·

图书在版编目（CIP）数据

学校的秘密 / 郑杰著 . —修订本 . —北京：中国人民大学出版社，2017.9
　　ISBN 978-7-300-24798-4

　　Ⅰ. ①学… Ⅱ. ①郑… Ⅲ. ①学校管理—研究 Ⅳ. ① G47

中国版本图书馆 CIP 数据核字（2017）第 194956 号

学校的秘密（修订版）

郑杰　著

Xuexiao de Mimi (Xiu Ding Ban)

出版发行	中国人民大学出版社			
社　　址	北京中关村大街 31 号		邮政编码	100080
电　　话	010-62511242（总编室）		010-62511770（质管部）	
	010-82501766（邮购部）		010-62514148（门市部）	
	010-62515195（发行公司）		010-62515275（盗版举报）	
网　　址	http://www.crup.com.cn			
	http://www.ttrnet.com（人大教研网）			
经　　销	新华书店			
印　　刷	北京东君印刷有限公司			
规　　格	168 mm×239 mm　16 开本		版　　次	2017 年 9 月第 1 版
印　　张	13　插页 1		印　　次	2017 年 9 月第 1 次印刷
字　　数	170 000		定　　价	39.80 元

版权所有　侵权必究　印装差错　负责调换

目录 Contents

再版序言 / 001

第一部 创 业

一　校长怎么当才不像个官 / 008

二　教师如何才能升职 / 012

三　一个新校长是如何履新的 / 027

四　学校是如何做到规范化的 / 032

五　教师是如何思考和交流沟通的 / 037

六　校长和副校长是如何相处的 / 039

七　编制什么时候是个问题 / 044

八　情感何以改变人的生命走向 / 052

九　学校文化图腾是如何被误读的 / 057

十　城乡有何差别 / 061

十一　竞聘上岗何以成为可能 / 066

十二　工作何尝不就是另一种生活 / 075

十三　校歌是如何诞生的 / 079

十四　感谢何以成为一种仪式 / 083

第二部　创　新

一　科研课题是如何开题的 / *090*

二　校本培训可能是一个假命题 / *096*

三　教师专业技术职称为什么不可采信 / *100*

四　教师如何自治 / *104*

五　教师是不是一个专业 / *114*

六　教导处在忙什么 / *122*

七　德育处在忙什么 / *129*

八　教师怎么会这么忙 / *132*

九　课程改革与考试成绩为什么会有冲突 / *134*

十　如何面对教不会的学生 / *137*

十一　怎么才算是真抓实干 / *141*

十二　学校的良心课是怎么开设的 / *143*

十三　梦想和灵性何以无法真正熄灭 / *148*

第三部　改　革

一　全面质量管理何以在学校成为可能 / *152*

二　刚性管理和柔性管理是如何协调的 / *155*

三　决策是如何做出的 / *160*

四　如何带好党员这支队伍 / *164*

五　教师为什么不愿意当班主任 / *168*

六　教师工会该如何定位 / *171*

七　教师收入差异何以是个大问题 / *175*

八　绩效工资改革是如何得罪教师的 / *179*

九　改革为什么反而把人心搞坏了 / *181*

十　评价到底如何实现公正性 / *184*

十一　听课、评课为什么只是做做样子的 / *187*

十二　绩效工资是如何将教育拖入功利化的泥淖的 / *190*

十三　上级文件要求是如何与学校实际相结合的 / *194*

十四　稳定压倒一切 / *197*

再版序言

这些年来，我在全国各地奔走，为一些地区与学校的校长和老师们做咨询及培训，深深感到他们对知识的渴望，他们渴望那些真正能够为他们解决实际问题的知识和经验。

一般而言，理论家们负责生产知识，而校长和教师们消费知识。可是，上端的生产者和下端的消费者之间似乎总有深深的鸿沟，这既不能怪罪理论家们脱离实际，也不能怪罪校长和教师们理论水平差劲，要怪罪的是在上端和下端之间缺少一个将他们连接起来的链条。这个链条中至少需要两个角色，一个是咨询师，一个是培训师。咨询师更靠近下端的实践者，而培训师更靠近上端的理论家。我向往着成为这样的中端服务者，虽然咨询和培训目前在教育界还都未"入流"。

咨询师也好，培训师也好，他们主要不负责知识的生产。为将此项工作做得尽可能专业，我克制着自己创造知识的冲动，而牢牢地将自己锁定在知识传播者这一角色位置上。我深知人生之短暂以及精力之有限，能将知识，无论是常识还是新知，有效地传递到知识使用者手中，已是我莫大的荣耀了。

于是，我抓住一切可以利用的时间，广泛地阅读各类书刊，做好充足的知识准备，替忙碌的校长和教师们读书已成为我的一种新的生活方式。

说实在话，我的阅读较之以前越发显得功利性十足，而逐渐失去了无目的漫游书海的雅兴，几乎读每一本书都是出于实用目的：为校长和教师们排忧解难。他们在工作中碰到什么问题，我的阅读便指向哪里。

比如，2009年下半年，全国各地都在搞绩效工资改革，我的阅读便指向了绩效评价和薪酬设计。咨询师不仅应能清晰地回答校长们关于绩效工资的几乎所有可能的提问，而且对绩效工资背后的绩效评价制度要了如指掌；不仅应能全面而系统地解释绩效评价的基本原理、框架和方法，而且要能澄清绩效评价与发展性评价之间的内在矛盾，尽力为校长们提出有利于教师专业化发展的系统的解决问题的方案。

就这么一路走一路阅读，一路思考和讲解，不知不觉中，对学校工作中的若干重要话题，我都做了较为系统的梳理，也做了不少相关的知识积淀，比如课程、教学、德育、管理、学校文化、制度建设、组织架构等，虽不敢以专家自居，被称为有用的杂家倒也是当得起的。

可是，说实话，有时候我对自己仅承担知识传播者的角色并不十分满意。这一方面是因为人对探究新知的冲动常常是本能的和难以抑制的；另一方面是因为我的知识传播并不能彻底地帮助校长们解决问题。事实上，我尚做不到将书本知识有效地加工和转化为帮助他们解决问题的工具，并且失望地发现虽然市面上的教育理论著作可谓汗牛充栋，而真正可以被加工和转化为有效的操作工具的并不多，一些翻译过来的国外著作显然对中国式的学校管理和教育活动缺乏解释力，还有一些著作有待于在本土化方面做出持续的努力。

于是，我便有了不安于做知识传播者而尝试成为知识生产者的野心，虽然这种野心明显有悖于我的"中端"定位。生产知识绝非我的本意，这只是深感有用的知识不够用之后的无奈之举，就这样，我生产知识的冲动一天强似一天。

而我很快就发现这并不是我的长项。

大凡知识的生产，一些是由理论推导而来的，即所谓的从理论到理论，还有一些则是直接从实践中获得的。显然，我的理论功底根本不足以支撑我运用第一种方法，于是，用后一种方法来生产知识是我这样的实践型人物的不二选择。如果能对教育和管理实践活动进行直接的观察、研究和总结，从中得出某些规律性的东西，再经提炼和加工变成原理，此事岂不妙哉？

可是，这个想法很快就被证明同样是不可行的。因为直接从实践中获取经验是容易做到的，而要将经验变为原理就需要发现的功夫，那些重要而有意义的发现之所以难得，实在是因为它们中的绝大多数都是出于偶然或者索性就是老天的赐予。

人们将产生新的想法称为创新。创新有两种形式：发现与发明。发现指的是将存在实体的某个层面公布于世；而发明指的是利用现存的东西，组成一种从未存在过的形式。因此，知识生产对我来说就意味着知识发现，而发现的意义只在发现本身，至于是否有成果或为人类知识的丰富做出什么贡献之类的，并不在我的考虑之内，或者说是不敢去奢望的。

抱着这样的心态，我这个知识传播者小心翼翼地介入了知识链的上端而每获惊喜，要知道向未知领域寻找答案多么令人振奋！抱着这样的心态，我来到上海市嘉定区的新成路小学，开始了我的发现之旅。

2009年，上海市嘉定区教育局实施人才的柔性流动，即鼓励中小学开展课题研究并自己去寻找指导专家，教育局则在财力上予以支持。于是，我被新成路小学（以下简称"新小"）"相中"，而新小也纳入了我的视野。

无论从哪个角度看，这都是一所平凡的学校，可是越深入校园，越是被一些细微的东西所打动。这些东西看上去也许是无意的、散乱的，是随机的、偶然的而非预先设定的，却都散发出迷人的光泽。两年里，每一次我都是带着自己的眼睛，带着我的录音笔进入这所学校的，我要尽可能多地倾听老师们的声音，尽可能多地观察学校的点点滴滴。为此，我甚至一次又一次地设法放弃理性，生怕任何先验的观念会遮蔽现实的生动性。

新小虽然平凡，却是十分典型的平凡。

新小诞生于 2000 年，我进入这所学校时，它即将迎来十年校庆。这所学校在开办时的班底是墅沟小学的部分教师。墅沟小学是当地的一所农村小学，因而可以说新小是农村学校在城市化进程中的一个典型。新小创办时正值上海市第二期课程改革全面推进时期，因而可以说它又是教育观念现代化进程中的一个典型。新小的蒋明珠校长热衷于全面质量管理，她受教于华东师范大学赵中建教授，赵教授大力倡导将全面质量管理思想引入学校，显然蒋校长和新小深受赵教授的影响，因而可以说它也是学校全面提升质量与效能过程中的一个典型。

可是，我对学校本身的转型兴趣不大，我对新小的人们内心的转型抱有更大的好奇心。人们到底是如何适应外部环境变化的，外部环境又是如何促使人们的观念变化的，我想知道在一大堆计划、总结、论文等文字的背后有着怎样的情感和价值，想知道规范的行为背后有着怎样的冲突和困境。在社会转型的背景下，那些冲突和困境是如此的重要和如此的动人。

人心和人心变迁显然成了我的关注点，而我清楚地知道，从来没有与环境剥离的所谓人心与人心变迁。正如涂尔干所言，人类行为不能只以个体的方式存在，而必须把行为放到社会的范畴中去加以了解。因此，我的探索与发现总会伴随着对新小诸多事件的解读，我所要了解的秘密也许就在其中。

此外，我还关注学校这一共同体组织，作为介于家庭与国家之间的社会团体，它是如何做到在这个巨大的社会中，给成员提供一些温暖和归属感的。

最后，我还关注学校文化中的习俗，这所才满十岁学校的习俗。那些共有的、隐藏着的知识，那些有形物质以及可见的行为模式，所有这些事物有怎样的内涵，所有这些可能蕴含着学校这群人怎样的思想和价值观，都纳入了我考察的范围。当一群人生活和工作在同一所学校或同一个领域的时候，无论谁都无法真正独立生活。这一群人参与其中的学校就是一个社会。

以上这些念头支持着我要写点儿东西，于是便有了不少文字。我把这些文字郑重地汇集起来，变成了一本书，这本书就是《学校的秘密》，在2011年出版。这是一本毫无商业目的的书，写这本书纯粹是为了知识的兴趣，也完全没有宣传新小的意图，我希望这是一本真实的书，真实到将来我们的子孙如果想了解今天的教育，会从本书中得到真相。

虽然我尽力克制自己，不在书中显露出我的立场和个人喜好，但可能选材本身就会有我的价值观渗透在里面，我设法防止自己的情感卷入，但确实无法做到如科学家观察小老鼠那样客观。尤其是对当前教育的批判，我是无论如何忍不住要表述的，对此相信读者们应能理解。

在此，我要感谢新小的教师。没有他们就不会有这本书，他们愿意通过我这个作者来与读者们分享秘密，为此他们一次次接受我的采访，无条件地为我提供了各种条件。

要感谢新小的蒋明珠校长。她清楚地知道这本揭示真相的书可能引发的不良后果，这些后果对我这个局外人的影响远远小于她。现在她已就任上海市嘉定区安亭小学校长，新的事业在等待着她。

还要感谢我的助手陈白羽女士。作为一个从未有过教育工作经历的年轻人，她的计算机专业背景显然对本书的写作没多大助益，但是如果这本书将来能引起教育界之外的人们的兴趣，这一定与她作为一个"外行人"曾经付出的努力相关。一本关于教育的书能够走出教育圈子而进入公共领域，是一个教育图书作者一生的梦想。

最后，还要感谢吴法源先生，在他第一次创业时，他出版了我的书；在他第二次创业时，他还是出版了我的书。现在又是他希望我能修订这本书，于是这本快被我自己遗忘的书又一次被紧紧地抓在手中。重读六年前写的文字，我发现教育真的没有什么本质的变化，当年的那些老问题现在依然存在，甚至更为严重，这对我本次修订这本书到底意味着什么？真不知道是应该感到喜悦还是应该感到悲伤。

但愿经吴法源的手出版的所有原创性的图书都不仅为"源创"增添荣耀，更使艰难中的中国教育受惠。

第一部

创业

一　校长怎么当才不像个官

蒋明珠校长是一位单纯而质朴的女士，无论如何是不能将她与一个"官"联系在一起的。即使是男校长，他们时不时地摆出"官"的架势来已然是面目可憎，更何况是小学女校长。她在新小当了十年校长，依然可以看到她与同事们的亲热劲儿，话语、步态丝毫不见拿腔拿调。

当前高校"去行政化"的呼声很高，主要是基于对大学学术自由和尊严的维护。学术权和行政权不分，而且行政权"统治"学术领域，以讲究效率的行政方式指挥、调度学术研究，会在一段时间内"生产"出足够数量的科研成果，但同时却也可能窒息创新。其实，与其说人们是反对大学行政化，还不如说是反感大学行政系统的"官员化"。

中小学似乎也存在行政化问题，虽然相比大学程度较轻。

上海是比较早实行"校长职级制"的，同时取消了校长的行政级别，这么做有两个好处：一是"去行政化"而使校长走上专业化道路，二是"均衡化"，校长的收入与其所任职的学校脱钩，而与其职级挂钩，这样的话职级高的校长也可以到薄弱学校任职。但是，采用校长职级制是否真的达成了"去行政化"和"均衡化"的目的呢？我看基本上是换汤不换药。

首先，来看"去行政化"。在中小学里，行政化的问题主要表现在"政校关系"中，教育局和其他政府部门对学校的干预存在严重的行政化倾向，不会因为搞了职级制，这种关系就发生改变。相反，职级制可能会给校长套上又一个"枷锁"，只要校长的职级是由教育局组织人员而非第三方专业机构评定的，职级制只会让校长更加服从行政指令，而不是服从专业要求。因此，职级制实际上是加强了原有的行政化的。

其次，来看"均衡化"。中小学的不均衡现象由来已久，而这主要是由资源配置不均衡造成的，而不是由校长的个人专业水平决定的。一些教育局在配置资源时的现有模式只会使"强者更强"，那是因为一些热门学校其实是既得利益者，与教育局存在着利益交换关系，所以教育局在配置资源时会有意无意地向它们倾斜。比如说，教育局要拜托热门学校的地方比较多，比如安插学生、迎接上级检查等。因为是热门学校，生源条件比较好，办学效果也会比较好，这就构成了良性循环。这些学校对教育局来说当然更有价值，资源配置时多得一些，也是情理之中的。即使教育局派特级校长到薄弱学校任职，我看也未必会使那些学校发生根本的改变。这一方面是因为那些在"行政化"条件下评出的特级校长未必达到了应有的专业水准，另一方面是因为"巧妇难为无米之炊"，再能干的校长也无法在资源匮乏的情况下办好学校。所以，在实施校长职级制的地区，我还从未见过一个特级校长被派到农村薄弱学校的例子。

人们很容易把校长当成上面派来的一个官，即使取消了校长级别，也是如此。那种见了官自动矮三分的感觉，是很难消除的，我们可以称之为"官本位"的文化。我发现，在我国北方地区，这种文化特征更为明显，欠发达地区较之发达地区，官文化更盛，而在上海，郊区比城区更为严重。在新小任职的蒋校长要是摆出官样子来，想必不会有太大的阻力，因为这毕竟是一所农村学校。

我是当过校长的，我深知其实很多校长是愿意做出官的样子来的，因为官意味着权力，那种大权在握的感觉是很不错的，谁不愿意自己说了算呢？谁不希望下属们对自己言听计从呢？而且，校长扮演成官的样子，有时候恰恰是由环境决定的，因为"人民群众"内心渴望有一个官来给自己做主，自然会有人来替他们做主的，即使这个人不是校长，也会是另外的一个或一群什么人。所以还得去除人心里的行政化，只有更多的人都成为大写的人，人格独立而精神自由的人，行政化才可能真正得以去除。

在新小，蒋校长至少自己还没有把自己当成一个官。这要从她的个人经历开始说起。

蒋明珠是1986年当上教师的，她毕业于安亭师范学校。安亭师范学校位于上海市的一个郊区——嘉定区，这是一所在上海地区颇为知名的中等师范学校，承担着为嘉定地区输送小学教师的任务。在嘉定，绝大多数小学教师和教育官员都有在这所学校受教育的背景。如果夸张一点儿说的话，安亭师范学校是嘉定教育的摇篮。

而这个养育嘉定教育的摇篮现已关闭了。准确地说，在上海的教育地图上已经找不到任何一家中等师范学校了。它们要么改为普通高中，要么与当地的师范院校合并，要么索性直接升格为大专院校。历史如果真有良知，会记住中等师范学校的功绩的。

如果人们愿意偏执地记住这类被淘汰的学校，一定不是单纯地出于怀旧的目的，而实在是出于对现实中的师范教育的不满足。因为中等师范学校培养出来的那些中专生们现在正在"挑大梁"，在蒋明珠那些中师生看来，他们显然要比眼下很多缺乏能力却自视颇高的高等师范院校快速生产出来的本科生、硕士生们强。尤其是20世纪80年代，那些农村的孩子能考上中师是有特定含义的，被中师录取就意味着"跳龙门"。当时，城乡之间的差距非常之大，农村的孩子要脱离务农的"苦海"，考学是唯一的希望。而初中毕业能考上中等师范学校就可摆脱农民身份，户口自动转为城镇的或城市的，这就叫作"跳龙门"。世世代代务农的人家才会感受到，拿到城镇户口，从此摆脱农田的束缚，终于可以吃到商品粮的喜悦。蒋明珠是他们家的骄傲。

入学之后，蒋明珠是安亭师范学校的优秀生。她在学校的优秀表现给她带来的好处是她的分配结果令人羡慕，她被分配到嘉定城区的一所小学当教师，这所名为"城中路小学"的学校是当时嘉定最好的小学之一。当回忆起中师毕业分配时的情境时,她显露出一丝难以掩饰的自得,她说:"我是从农村考出来的,跑到城里我想都没想到,更何况是城里的城中路小学,嘉定最好的小学!"

至今为止,学习从来都不是学习本身,对嘉定的一些农村人来说,学习与人的社会身份相关。如果发现学习不能改变其社会身份,那么他们就会说学习没有什么意义,这在我国大部分欠发达地区依然如此。当时的蒋明珠,一个农民家庭的女儿,虽然她以自己的父母为荣,但是她的父母还是希望她能成为城市里的一员。这种对"跳龙门"的渴望,城区里的人怎么体会得到?试想一下,要是城区里的孩子会因为考不上学而被取消城市户籍,想必很多孩子的学习不会如此缺乏动力。在中国大地上通过考学改变身份的一幕幕活报剧至今每天都在"悲惨"地上演,而在20世纪80年代的上海,蒋明珠和她的农民父母已经演过一遍了。

在安亭师范学校读书期间,以及之后的教师生涯中,她的农民根性不仅带给她积极的学习和工作态度,还让她保存着乐于照顾他人的美德。几乎所有人都愿意亲近她,很多人唤她"老蒋","老蒋"这一称谓从她的青年时代一直唤到了中年。

城区的人际交往相对来说是冷漠的,似乎越是大城市,这一特征越是明显,这其实也让农村出生的人们感觉陌生,甚至对城市里的这种人与人之间的陌生感颇有微词。所以,老蒋的仗义,显然使她更受欢迎。

在安亭师范学校,她选修的是音乐。音乐是感性而非知性的,是单纯而非机巧的,音乐似乎也在塑造她开朗的性格,而性格基本上决定了她的命运。命运的悲喜,如果不从宗教角度解释的话,就只有从性格着手了。

故此,老蒋日后当上校长,她并没有如别的校长那样做出官的样子来,也就可以从她的出生和性格方面来寻求解释了。

二　教师如何才能升职

老蒋的教师生涯一开始并不顺畅。

仅工作了半年，城中路小学的校长就开始对她不那么满意了，甚至扬言要把她这个所谓的优秀毕业生退回教育局重新分配。这让老蒋很受打击，即使今天回想起来，她依然耿耿于怀。

新教师是特别在意他人对自己的看法的，他们会在意学生对自己的看法，在意学生家长的满意程度，在意同事是否认可自己，而他们最在意的还是校长的评价，甚至煞费苦心地通过捕捉校长的只言片语来揣摩校长的心意。老蒋当初就是在这种心境下成为一名新教师的。

老蒋说她不知道校长为什么会对她不满，而她那个新教师的身份也妨碍了她去主动询问缘由。其实，当时的老蒋未必会知道，一个人对另一个人不满是不一定需要理由的；而一个人对另一个人的不满，也无须从言语中去识别，眉宇之间自然会流露出来。显然，那些若隐若现的对她的不满信息，让学音乐出身的老蒋敏锐地捕捉到了。自认为毫无过错的老蒋为此很伤心，她的自尊心被狠狠地扎了一下。至今提起当时的情景，她还是感觉到很委屈。

至于校长究竟为什么会对她不满，老蒋未考证根由，即使敢去质问，想必也不会讨回什么公道。

于是，她开始胡思乱想，她猜想：每个人都有自己的固定模式，某种行为模式和思维模式会排斥其他的模式，而这个模式是不是与自己的出身和生活经历有关。她认为农村来的和城市来的人，虽身处同一个屋檐下，实质却很是不同的。老蒋觉得她的模式绝对不是校长想要的,她说:"我是从农村里出来的,非常朴实,可能不入校长的法眼吧。"

老蒋念念不忘她的出身,甚至将校长对她的不满归因于此,这样的表述并不令人惊奇。在20世纪80年代,那些从农村到城市工作的人在其往上发展的过程中,都会有类似的低人一等的感觉。这种感觉在当初是痛楚的,而过后在他们获得了成功的证据后,这便又会成为骄傲的资本。

她还猜想,是不是得罪了某些人,比如另一个音乐老师。在老蒋正式报到去当教师的时候,那位音乐教师还有3年就退休。老蒋郁闷地说:"到现在我也不知道哪里得罪她了。"可能校长本人对老蒋本来没有偏见,她是受到了即将退休的老教师的排挤,老蒋觉得这倒是很有可能。因为校长不懂音乐教学,而一个资深教师对一个新来的同行做出的评价往往是值得采信的。校长可能会认为,她是老教师,而老蒋是从农村来的,因此资深教师对她的评价,可信度一定很高。

其实,教师在一所学校的生存处境,表面上是由其工作能力和工作绩效决定的,可实际上人际关系才是根本性的。这主要是由教师的工作特点决定的,教师工作的复杂性决定了对其工作能力和绩效做出准确的评估几乎是不可能的,即使可能,其成本也会非常之高,高到让学校难以承受。直到今天,教师这个职业的专业化程度还远未达到有些行业的高标准程度,于是,对教师做出价值判断而非依据事实、数据做出判断,在中小学中是常见的。人缘关系很被教师和领导们看重,这已经构成重要的学校文化。那些被提拔、重用、看重的教师,一定是那些被大多数人接受且让学校关键人物感觉良好的人,而音乐教师很有可能不在其列。

音乐教师所教的学科一般不举行统一考试,教得好和不好,相比别的学科更难以确认。音乐、美术、体育在学校里俗称"小三门"。这三门学科被冠以"小"的称谓,本身隐含歧视之意,这是因为它们都与升学考试无关。与升学考试无关,就不至于影响学生的前途、命运,也不至于影响学校的声誉，因此，自然而然地它们就被认为是无足轻重的"小学科"。在几乎所有人看来，这些学科的贡献率太低。即使现在在初中阶段的考试中列入了体育，也并不能使体育学科在学校内的地位有根本改观，因为人们普遍认为知识是重要的。在大多数人看来，相比数理化，音体美的"知识含量太低"了。而"知识含量不足"的学科似乎谁都可以教，在小学因这些学科师资不足而由别的学科教师兼任音、体、美教师的现象十分普遍。这种情况在经济欠发达地区尤为普遍。于是，"小三门"在学校的地位基本上决定了"小三门"学科教师的地位，所以，在升迁这条道上，"小三门"教师是不太通畅的。我也很少见到执教这些学科的教师升职到校长位置的。主课教师升职当学校领导的可能性更大一些，尤其是语文教师，可能因为语文教师"能说会道"又善于写材料吧。越是在无法根据事实和数据来评价工作能力和绩效的领域，能说会道和善于写总结材料就显得越重要，因此语文教师的机会就会更多些。

一般而言，音乐教师不仅在对考试的贡献率上和语言表达上都不如主科教师，而且某音乐教师确乎很艺术的话，他在爱美这一条上又一次"输"给了主科教师。某位主科教师如果声称自己懂音乐爱好艺术，是会被人们刮目相看的；而某人以教音乐为业，那就另当别论了。人们习惯于将音乐和艺术视为人生的点缀，而不是一生的职业。

而那些从事艺术活动或艺术教育的人，他们的身上往往有着一些令"严谨求实"的考试学科的教师不可接受和看不惯的地方。他们受着艺术的熏陶，必然在不知不觉中将"自我"对象化，也就是将自己当成了艺术创作的对象，在言谈举止、穿着打扮上常常会格外精心地修饰一番，这对其他人可能会构成心理挑战。无论在学校还是在其他地方，那些对美毫无知觉的人往往非但不会欣赏他们和赞美他们，反而会心生出一些难言的"妒意"，在心里默默地将他们视为"公敌"。这一现象在女教师扎堆的小学里尤甚。即使不在小学，特别爱美的教师往往会被怀疑具有"招蜂引蝶"的不良动机,很多"正经的"常人会自觉不自觉地与她们保持安全距离。这种情况在比较保守的农村更是严重。

因为爱美和格外爱美,很艺术的教师往往会成为被孤立的一群。而吊诡的是,他们似乎更愿意被孤立,他们主动地与"灰头土脸"的大多数保持距离并刻意显示差别,以体验艺术家的所谓孤傲的美好感觉。

那些真正投身艺术活动的人士(大多数中小学艺术教师都不能算在其中)往往比别的人更崇尚自然天成,因此他们在表达思想、感情时更直率、更简捷,这一特质会使习惯于委婉表达的人感觉受到了威胁。因为他们不喜欢虚假,也就对口号般的语句比较反感,他们喜好将那些貌似崇高的东西瓦解掉,并对那些假崇高的伪君子们冷嘲热讽,这也会让周围不少人很不舒服。

艺术家型的艺术学科教师往往会被批评个性太强,"个性强"在日常用语中绝不是个绝妙好词,这个看似夸奖的词,实则等同于自私或自利。这个词即使用在学生身上也是如此。一方面,课程方面的改革十分强调个性的培养,但另一方面,我们本能地排斥那些"特立独行"的人,总会隐约地认为一个人个性强的话一定会让其他人不安全。于是,在一定程度上,个性,就成了道德领域的一个贬义词,即使不少人心中还会对他们心生羡意。

艺术家气质的教师往往有完美主义倾向,这种倾向甚至让他们的学生也很不喜欢,从事艺术教育的教师,其严苛在学生圈中是出了名的。

以上这些因素,往往让非常出色的艺术教师失去升职的机会。事实上,在中小学里,那些真正很有艺术天分并始终执着于艺术的人本来就是凤毛麟角,即使有若干个,要不了多久也会被世俗淹没。

老蒋这个普通的音乐教师,本来在通往升职的道路上是毫无希望的,可是在一年以后,她的命运却发生了转机。

在她所任教的第一所学校——城中路小学,她感觉到校长并不待见自己,于是心生去意。新教师是非常在意周围人的认可的,校长的认可对她来说至关重要。这时，城区另一所品牌学校的校长看中了她，这所学校名为"嘉定区实验小学"。冠名为"实验"的学校一般社会声誉都会不错，这所实验小学也是如此。

实验小学的校长听说城中路小学有这么优秀的音乐教师，于是就向教育局申请要她。两所城区学校距离不算很远，其中一所学校从另外一所学校挖人，这似乎有些说不过去。那是因为缺少调动工作的借口，如果从农村调往城区，大家都还能理解，或者两所学校虽然都在城区，可是距离很远，那可能帮助教师解决交通上的困难，也是可以理解的。如果城中路小学批准老蒋调离，实在是有失面子，因此城中路小学不批准。老蒋说："出乎意料的是，单位竟然不同意放行。"其实，放行才是出乎意料的。

大凡去意已定，便怎么也拉不回来了，尤其是想调离的教师，其去意已为校长所知晓。那些试图调离的教师心中明白，从此校长将会对他另眼相看，或者说今后栽培他的可能性几乎就不存在了，因此一旦他们公开提出要调离而校长不放，那些教师往往会"破罐子破摔"，越发表现出"心是留不住"的样子来，而那时道德的天平会倾向于校长。如果说当初某教师想调离，可能是学校环境有问题，而等到该教师不再努力工作而试图使校方不得不放行，那么道德责任就转换到了教师身上，这时校长再批准该教师调离便是一件有面子的事了。

至于当初表达了接收老蒋意愿的实验小学，是不太愿意直接向城中路小学要人的，因为那会伤了校长之间的和气，会让实验小学的校长在做人方面显得不够地道。于是，一般情况下实验小学是不会为了一个普通教师而破坏与另外一所学校的关系的。因此，实验小学校长会向教育局提出要人，这就会造成一种假象，老蒋不是我们夺走的，而是教育局的行政行为。如果实验小学或实验小学校长在教育局领导心目中有地位的话，教育局就会给城中路小学发指令，而城中路小学校长刚好资格还比较浅，或者刚好与教育局之间存在某种利益交换的话，就会给老蒋放行。可是这种情况并未发生，于是，"几次三番折腾后，我还在老地方上班"。

不久以后，终于，老蒋的命运发生了一次转机——一个偶然的机会让她成为了语文教师，而语文是小学最大的也是最有分量的一门学科。因为学校里有一名语文教师请了产假回家休养，于是语文教师临时性短缺，校长匆忙间决定让她这个教小学科的音乐教师去代语文课。而半年语文课教下来，出乎她本人意料的是，教得还不错。校长似乎由此改变了对她的看法，老蒋说："校长对我满意得不得了！"于是，她永远地告别了"小三门"而正式跨入了语文学科，而且位置是铁定的。老蒋说："从此音乐课就不用上了。"

老蒋成为一名语文教师，这让她很有成就感，可区里的音乐教研员却很不乐见。本来音乐教师就短缺，而专业的音乐教师更是凤毛麟角，却让这样一个好苗子转行教语文，实在是可惜。音乐教研员有多么不满意，可能语文教研员就会有多满意，老蒋说："区里的语文教研员满心欢喜。"在老蒋改教语文之后，语文教研员也开始关注她的成长，老蒋说自己在语文教研员那里"似乎很得宠"。

可不久，语文教研员也失望了，因为她当干部去了。具体经过是这样的：在她当了一年语文教师之后，领导安排她当班主任，她当得很不错，于是她的才能被领导看到了，在她工作的第四年，她就成为了学校的团支部书记，就是所谓的当干部了。

正是班主任这个工作让老蒋脱颖而出的，因为班主任尤其是小学班主任工作非常考验教师的综合能力，这是一个音乐教师或者一个语文教师的工作所无法比拟的。或者说，在班主任这个工作岗位上，谁能干谁不能干，显现无遗。估计城中路小学的领导们就是因为她在当班主任期间的出色表现，而真正改变对她的观感的。

班主任这一职位，虽然被称为"主任"，在学校里却无论如何都不能算个干部职务，那些当着班主任的人常常会自嘲说自己是共和国最小的主任。可是，在中国式的教育体系中，班主任确乎是一个重要的角色，重要到可以不成立学校但必须成立班级的地步，或者说学校就是班级的简单相加，是一个又一个班级的集合体。如果每个班级出色则学校光鲜，反之，学校光鲜却未必能改变班级什么，头脑清醒的家长们都知道，进一所好学校不如进一个好班级。

在国内，类似魏书生、冯恩洪、李镇西等教育界这样响当当的人物，大多是语文教师，后来成为校长。更重要的是，他们都是在当班主任的时候出的名，而他们在讲自己的故事的时候，最有内容的和最令他们感觉骄傲的也还是做班主任的那段经历。而他们至今几乎所有引发广泛共鸣的经验，无论是真实的故事还是传说，甚至是"神话"，差不多都是关于班主任工作的。教育界的很多朋友一旦夸耀起自己的经历，都乐于不厌其烦地讲述自己当年是如何做班主任的，以及自己的班主任生涯如何成功。

其实，班主任只是一个普通的职位，甚至连一个专业都谈不上，在教育的专业技术职称系列中根本没有班主任的份儿。而且这个工作又往往吃力不讨好，因此，很少有教师会主动抢着做班主任。教师当班主任往往是出于无奈，或是考虑到评高级职称需要五年班主任工作经历，或是迫于学校行政权威的软硬兼施。所以，那些乐于做班主任的教师会被认为是富有良好师德的、乐于奉献的和具有大无畏牺牲精神的，这些人获得表彰的机会会更多些，因此，上升的空间也就比不愿意当班主任的教师更大些。在泛道德化的学校教育环境中，这一现象是十分正常的，毕竟班主任是经历过道德考验的。

大家普遍认为班主任是一个苦差，是一个不得不干的兼职，因此，稍有些资格的教师或者已经评上职称的教师，往往就会找出种种理由来拒绝当班主任。按理说那么重要的工作应该由经验丰富而专业职称高的教师担任，事实却是往往落在新人的头上，因为新人还没有获得与领导讨价还价的资格。当初，语文教师老蒋就是这么顶上去，成为班主任的，而同所有新人一样，她拿不出回绝的理由。

老资格教师用于回绝班主任工作的最通用的理由是身体状况不佳，不会有人对校长说"本人怕辛苦""本人不愿意干吃力不讨好的活儿"之类的蠢话的。身体状况不佳是一个回绝任何不愿接受的工作的绝佳借口，而之所以它能屡屡奏效，是因为校长从来也不愿意背上不顾及教师身体的恶名，校长在学校的合法性依据似乎也主要是道德方面的标准。于是，一些学校管理者总是被教师的不良身体状况"绑架"。不仅在分派工作任务时容易被绑架，连评选先进时也是如此，在同等情况下，会把先进称号颁给那些带病工作的教师，而他们的先进事迹听上去则更能打动人心、催人泪下。

后来，也就是她走上工作岗位的第四个年头，老蒋被选为教工团支书，她的努力和顺从获得了回报。

教师在学校里的境遇，常常带有偶然性。一次偶然的机会，让老蒋永远告别了音乐教师岗位，又因为机缘，老蒋当上了能展示自己才华的班主任，而这回她当支书，是因为原来那位支书超龄了，又是一个偶然事件。

不过，当团支书这个机会降临到老蒋头上还是属于大概率事件的，因为团支书只有共青团员才能当，而年满28周岁的普通人民群众即使再优秀也不可以继续在学校的中国共产主义青年团组织里待着了，因此，在学校中仅有少数人有机会被选为团支书，但这对老蒋来说可能是个大机会。

团支书不是个官衔，充其量是共青团员们活动时的一个召集人。一般很少有人会看重这一职位，学校领导们似乎对这一职位的人选也并不太在意。在几乎所有人看来，这是一个可有可无的虚职。担任这项工作的人一定要"爱管闲事"，因为这个职位是没有津贴的，或者说，老蒋是不可能在这个职位上获得收益的。老蒋在这个岗位上起步，后来终于走上了学校领导岗位。

老蒋在这个看似不重要的岗位上"做出了成绩",她这个团支书最终没有让领导失望,甚至还可能超出了领导们对团支书这一职位的预期。她成功地证明了自己不仅是师范学校优秀生,而且是一个胜任的语文主科教师、出色的班主任和团干部。套用时髦的话来说,她抓住机遇证明了自己。

一般来说,共青团组织是靠搞活动来获得存在感的,音乐教师出身的老蒋可能刚好有了用武之地。"1990年开始,嘉定的团委系统搞一个大型活动,结果我们学校很成功。"老蒋回忆道,那个活动名为"岗位出能手,青春献'八五'","结果我们学校'八五'期间连夺三次育人杯,全区独此一家"。看来老蒋是为学校立了功的。

之后,1995年,也就是在她工作9年后,经过团支部书记岗位的政治锻炼,她被提拔为教导处主任助理,半年后又被校长任命为教导处副主任。老蒋本人也对自己升职的速度感到惊讶,而更令她吃惊的是,在她29岁那年,也就是成为教导处副主任7个月之后,她竟然被学校推荐为党支部书记人选。也就是说,她从此可能成为一名校级干部。

在学校的行政管理系统中,教研组长、年级组长算是基层干部,教导处、总务处的正副主任是中层干部,正副校长、正副书记、工会主席是高层干部,高层干部就是那些被俗称为学校领导的人。按常理来说,在科层制条件下,正常的职位升迁都是从组长开始的,先升职当主任,而后由主任升任校级领导。越到高层,权力越大,而继续升职的难度也就越大。

老蒋的幸运在于,她的升职并没有循着正常程序一小步一小步地慢走,作为一个普通的青年教师,她直接被安排到教导处当助理,而后一跃成为校级干部。

严格地说,老蒋没有当过几天中层干部。这是因为"教导处主任助理"其实只是一个接受锻炼的、可有可无的行政职位,设置这一职位的主要目的是培养富有潜质的新人,以使新人更快地积累管理方面的经验，同时也是向所有教职员工预告该新人接班和升职的潜在可能性，以免大家对该新人忽然的升职感觉唐突。如果在助理职位上做得不好，完全可以回到教师岗位，这样的安排在一个干部能上不能下的环境中，显然可以增加一个缓冲带，以便决策者们进退自如。

在解释自己为什么那么年轻就会被推荐时，老蒋说可能是团工作做得好的缘故吧。对此说法，我毫不怀疑，因为团支书这个看似可有可无的小角色，却令音乐教师出身的她如鱼得水，她的活动和组织能力可能优于其他学科教师，而她在被提拔时早已不是音乐教师了，而是更受人尊重的语文教师和班主任。

团工作给她提供的机会不限于可以尽情展示其才能和才艺，可能更重要的是这一职务为她升职提供了优于别的职务的便利条件。这一便利条件就是借助团支书工作她可以高频度和深度地与学校高层领导保持接触与交往，也容易给乡镇领导、教育局领导甚至他们之上更大的领导留下深刻印象。

因此，缺乏可比性和竞争性的团支书虽然从未被列入行政系列，却更有可能因经常操办学校综合性的大型展示活动而借机充分展示自身，从而获得足够的关注而被提拔。

有时候，那些在原岗位上做得非常好的员工反而不能被提拔，如果十分优秀，他们就有可能成为这些岗位上不可或缺的人，他们的不可替代性和专业性反而可能破坏他们的政治前程。而团支书这一虚职，它的非专业特性反而使老蒋因此而受益。

一般而言，校级干部的提名权在学校，而是否得到提拔，决定权在教育局党委或乡镇党委。嘉定区如我国绝大多数县市区一样，将中小学分为县市直属和乡镇管理两种。老蒋所在的城中路小学归嘉定镇管理，所以学校的校级干部都由嘉定镇党委任命。教导处蒋副主任升职为蒋副书记，是嘉定镇党委才能决定的，而县教育局对学校只有指导权。不过，这种任用体系可能带来两个方面的隐患。

一是校级干部到底是向乡镇党委书记或教育局党委书记负责，还是向乡镇长或教育局长负责。从理论上讲，校级干部尤其是校长对上应向上级行政长官负责，也就是向乡镇长或教育局长负责，但校级干部是由上级党委任命的，因而又似乎应向党的书记负责。于是，这里的隐患就是，唯有在书记和行政长官由一人兼任或虽分别由两人担任却高度一致如一人的情况下，校级干部们才不会常常陷入两难的境地。可事实上，这么完美的情况并不多见，干部们不得不游走在书记和行政长官之间。假如教育局党委书记与局长分别由两人担任，而这两人有比较大的隔阂，这会让不少校长左右为难。事实上，嘉定区就出现了这种情况。

二是学校正职领导到底该如何有效地领导副职。如果副职不服从正职的领导，正职并不具备对副职的任免权的话，显然这对副职就缺乏必要的约束力。因此，在我所见过的中小学领导班子中，不少副职都成了"逍遥派"，而正职也乐见其逍遥，否则副职与正职难免就会产生权力之争，这会令下属们无所适从。好在学校正职领导有向教育局党委推荐副职的权力，这多少会弥补上述学校高层干部任免中的缺憾。

可是，如果学校高层干部只能上不能下，他只要一朝成为校级干部，均可高枕无忧地干到退休，那30岁的老蒋过早地成为一名校级干部，如果刚好与校长不和，恐怕就会成为一个问题。惧怕犯错和不作为成了中小学校管理者的通病，似乎与之相关。

后来，嘉定区教育局意识到了干部制度方面的隐患，试图采取一些新的举措来纠正上述问题，比如，实行校长竞聘上岗制度。在2005年的时候，雄心勃勃的新任教育局党委书记下令校长们全体免职，然后报名竞争校长职位，据官方称效果显著。全国各地不少代表团到嘉定区教育局取经便是它获得成功的一个佐证。

效果是否真的那么显著，因缺乏严肃的前后对比研究，所以不敢妄下判断。但从常识上判断，校长们从"要我当"变成"我要当"，并在当之前公开施政承诺，想必对他们日后的工作是会有所触动的。

另一个值得推敲的点是：校长竞聘上岗到底是教育局党委的一项权宜性的政策还是一项永久性的制度设计。从权宜性的政策上升为一项永久性的制度，无论如何是要经过反复验证的。

嘉定区还有一些解决干部问题的新举措则是围绕着干部年龄做文章的，也就是把充满旺盛活力的年轻干部充实到校级干部中，以激活这支队伍的斗志。对老蒋来说，当初她就是干部年轻化政策的受益者之一，提拔年轻人的特殊政策给了老蒋这样的年轻人很大的机会。

不过，干部年轻化也可能暗含隐患。至今未见关于学校高层干部的年龄与创造力、工作活力的相关性研究，虽然年轻人精力和体力上的优势容易给人留下有创造力和活力的印象，但是很有可能那根本就是一种美妙的错觉，因为我们常常可能将年轻人的鲁莽和冲动误判为创造力和工作活力。那些极富创造活力的、有梦想的校长，完全可以干到70岁，却因到龄而早早退休、养老，也是很令人惋惜的。

嘉定镇党委接受了城中路小学正职领导的推荐，任命老蒋为党支部专职副书记。老蒋正式成为学校的一名高层领导，从此即使她不能再平步青云，只要不犯错的话干到退休也足矣。老蒋就这么摇身一变成了学校的第二把手，也是嘉定区教育系统第一批专职副书记，而且是最年轻的一个。

说到副书记这个新职位，老蒋的神情明显没有她谈及由音乐教师转为语文教师那么兴奋，也比不上她忆及当团支书时的兴奋。她若有所思地说："他们觉得我太年轻了，我也觉得自己当这个副书记太年轻了。"

在被推荐和提拔时，年轻是个宝，可真正坐上高层管理岗位后，年轻却是一个颇大的问题。她说"他们觉得我太年轻了"，这个"他们"可能是指教育局的官员们，因为任用了个毫无行政经验的年轻人，是要承担政治风险的；这个"他们"也可能是指学校的其他高层管理者，高层管理者几乎每天都要做出判断和决定，而几乎所有的判断和决定都需要瞬间完成，且要确保足够高的成功率，学校高层做判断和决定大多要靠直觉，而非所谓的科学和理性，估计同级管理者对她这样一个涉世未深的女青年的判断力和决策力抱怀疑态度；这个"他们"更有可能是指她的下属们，那些主任们和组长们，那些资深教师们，想必他们在观望，观望一个"坐直升机"上台的领导是否真有什么了不得的能耐。

在城中路小学任专职副书记，老蒋在这个职位上只做了四个月。这是很新鲜的四个月，她获得了四个月的作为高层管理者的新鲜体验。而这又是在焦虑中度过的四个月，"他们觉得我太年轻了"，访谈中，老蒋把这句话重复了多次，看来她那时还不够自信，有些诚惶诚恐。人在找不到自己位置的时候常常会有这种感觉，老蒋心底里那个真实的自我与所要扮演的角色的契合度显然偏低，这让她毫无感觉。

四个月过后，她被派往普通小学当副校长。

普通小学名为"普通"其实并不普通，那是一所有着百年历史的老校和名校，中间因故曾多次改名、迁址、拆并，直到1994年稳定下来。

老蒋说："去那里当副校长，我一直觉得压力太大，所以我拼命地学、拼命地干，一定要在那里体现出我的价值。"就这么摸索着干了半年，她终于被大家认可了。那她是怎么被认可的呢？老蒋向我述说了一大堆她的工作业绩。

她刚到任时，只是被校长安排分管科技工作，可以说，让一个副校长只管着不那么重要的工作，多少有些浪费人力资源，而且副校长也会因为授权不够而感觉受冷遇。可是，这一安排对"还年轻"的老蒋的"终身发展"显然是有益的。从学校角度看，对年轻干部，比较稳妥的培养方法就是先让其分管一些不那么重要的工作，以降低其因工作经验不足而带来的风险，这是符合理性的决策。换到老蒋这个角度看，降低风险，其实有利于她建立充分的自信，毕竟一个胜任的学校高层领导，是需要自信来撑起其领导气质的。

令老蒋高兴的是，仅在一年中，普通小学便被评为嘉定区科技特色学校、嘉定区绿色学校、上海市科技特色学校。在嘉定区首届运动会上,普通小学和城中小学合排了一个团体操,结果也令人折服。暑假,学校办了乒乓球俱乐部、舞蹈班和美术班,组织了管乐队集训。为办好美术班,学校还特地请了中国美术学院的4位教授来做辅导。那一年的暑假,老蒋泡在了学校里。

在老蒋分管的不那么起眼的那些领域里,学校差不多都获得了令人瞩目的成绩。总结下来,老蒋能被普通小学的教师们认可,且未太费时间和周折就坐稳了副校长的位置,显然与她取得的业绩有关。而她所列举的那些工作业绩,多多少少是靠着她的组织和活动能力获取的,在这些方面她可能更轻车熟路,加之她很勤奋,这样她的仕途一下子变得通畅起来了。

教育界的成功人士大多是靠在各类竞争性评选中获胜而得名的,正是这些五花八门的活动给了他们出人头地的机会,如果不搞活动可能就会有很多能人被淹没在芸芸众生之中。而教育主管部门也热衷于组织各类评选、评审、竞赛,一方面是为学校和教师提供展示风采的平台与机会,另一方面也不排除他们希望通过组织活动来显示自己的存在,或借此机会加固自己的权威性。那些渴望崭露头角或引起领导关注的学校和教师也乐于追逐这些活动,于是,教育界从某种意义上说就是一个超大规模的竞技场。一旦取消此类活动,不少教育的从业者可能会备感寂寞,无所适从。

似乎,小学比中学更热衷于参加这些活动,中学的竞技说到底就是学业成绩和升学率的竞争,只要学业成绩光鲜,足可引以为傲了。学业成绩以外的活动只是些必不可少的点缀,用于点缀所谓的素质教育,以证明追求升学率和实行应试教育并不是片面的。中学虽然也会积极参加上级部门组织的各类哪怕并不是很有意义的活动,但是学校领导者一般都学会如何在节约时间成本的基础上将活动应付过去,拿捏分寸是中学高层领导者的基本功。在私底下,一些中学的校长和教师们都会认为某些热衷于搞活动的学校是不务正业的,是在搞"歪门邪道";那些热衷于组织活动的干部和教师，在聚精会神抓教学的干部和教师面前往往会自惭形秽，自动矮三分。

中学的这些情况在小学虽然也存在着，但是未达到畸形和变态的程度。那是因为小学有更充裕的时间去组织学生活动，而且更重要的是小学没有升学方面的压力，所以在小学界很少有对老蒋如此热衷地投入活动的组织工作而说三道四的人。在小学里，参加活动并且在活动中获奖，虽不能说就是学校的一切，夸张一点儿说，几乎可谓学校的生命线。

老蒋坐稳了副校长的位置，还有一个她未必意识到的因素，那就是她并不是"土生土长"的普通小学的教师。"空降"到一个陌生的环境中当干部，在行使指挥权方面她是有优势的。她之前在城中路小学任副书记的时候，被认为"太年轻"，而在普通小学当副校长的时候，她同样的年轻，却不被指为"年轻"。那是因为在城中路小学她一路平步青云，同事们一下子未必能迅速接受她成为自己的上司这个事实，而她本人也怯于领导以前的同事，毕竟同事中一定还不乏她的长辈、朋友和小姐妹。可到了普通小学，这些忧虑全部被扫清，她毫无心理障碍地开始真正进入校领导的角色，渐渐地，她自信地发现，自己似乎就应该是这所堂堂名校的副校长。

就这样，在普通小学，她越来越被当成一个副校长，一个主抓学生活动的、有权威的高层管理者。在这里，没有人会在意她的年龄。

汤雁是普通小学的校长，是一个大气的、执着于事业的老练的女校长，同时也是老蒋的导师兼好友。老蒋在谈起她的师父时，总是赞不绝口，"她是一个很能拿主意的人，而我的执行力很强"，老蒋显然很留恋这段正副职完美搭档的好时光。

而正在老蒋在普通小学津津有味地当着她的副校长，而且与汤雁校长的合作渐入佳境时，教育局党委来了一纸调令，让老蒋去筹建一所新学校——新成路小学。

那是2000年的事，从此，老蒋开始单飞了。

三　一个新校长是如何履新的

在任命制条件下，出任还是不出任校长，老蒋是没有讨价还价的余地的。

"局里和其他人商量，反正局领导认为你适合到那边去发展，你去不去马上给个回复，不用考虑的。"老蒋将自己听从上级命令解释为她的"天性"，她说："我天性当中可能就有一种服从（的东西），我真的觉得很没办法。"

事实上，老蒋这辈子就没有自己做出过多少选择。当年初中毕业，老蒋考还是不考师范是不可以选择的，她全家都会替她选择师范，毫不犹豫，因为这是一个可以改变自己所处的社会阶层和身份的选择。师范毕业后，作为优秀毕业生她被分配到城区最好的小学，她可以选择不去，但她不会放弃这样的机会。在城中路小学，她从音乐教师变为语文教师，她可以代完一阵子课后回到音乐课堂，可她不会愿意。她可以选择不当团支书和党支部副书记，可谁会拒绝这样的好运？

这次被任命为新小的一把手校长，去开办一所新学校，对一个三十才出头的年轻干部来说是个天赐的大机会，那老蒋为什么会说自己"觉得很没办法"，似乎很不情愿地服从呢？

这一方面是因为老蒋在普通小学找到了当副校长的感觉，与汤雁校长建立了良好的工作和私人关系，心中难免有些留恋；另一方面是因为她对未来抱着一丝恐惧，人们对不确定的未来总是心存疑虑。对一所新学校来说，一切都是从无到有，这既让老蒋跃跃欲试，又令她忐忑不安。她不舍得离开普通小学的另外一个不太方便说的理由就是普通小学的地位，那是赫赫有名的大校和名校，提起普通小学当地人都会在心里涌出特别的感受。而从嘉定区声誉最好的百年老校一下子调入一所目前什么都不是的新学校，毫无征兆，老蒋可能真的没有做好准备。可是，她是不会拒绝的，她清楚地知道，眼下她是没有资格说"不"的，即使有资格说"不"，这也可能让她冒很大的风险，这个风险就是"永不叙用"。在这个升迁体系中，对不服从者的惩罚可能就是"打入冷宫"。所有有头脑的人都不会这么贸然行事的，显然，现在的老蒋，在"政治上"已经开始成熟了。

其实，老蒋的疑虑重重还是有感情之外的因素的，那就是新成立的新小并不是真正意义上从无到有的新学校。教育局决定撤销一所农村小学，让这所学校的人马成为新小的班底，连同这所学校的原任校长一起，都由老蒋"收编"。这所村小叫作"墅沟小学"。

当初，教育局取消这所村小是有"预谋"的，早在五年前这所学校的人事关系就已被冻结。所谓冻结是说学校在人事关系上执行只出不进的政策，于是这是一所五年未进过一个新人的学校。教育局做出这样的决策是有道理的，而且很有道理。嘉定区作为上海的一个卫星城区，城市化进程非常快，与其花钱改造一所村小，不如兴建一所新学校。可是，这些道理到了老蒋那里却不成立：凭什么新办的学校要接收一所村小的老人马？

老蒋开始变得心事重重，她的心事是，接收来的24个村小教师可能是妨碍新小发展的一个包袱，教育局把这个包袱扔给了她，由她"赤手空拳"去自行解决，这太不公平了。这些村小教师首先从学历上看就是不合格的。她有些激动地说："按照当时对教师的学历规定，那些老教师大多是应该退的。"可是规定是规定，现实是现实。学校之所以难办，往往是因为规定得不到有效的执行，而明摆着有规定却不执行，又很可能有其他方面的原因，一些原因你是可以理解的，还有一些原因你是无论如何理解不了的。而领导们一般是不会有耐心跟你解释某些原因的，所以校长的悟性就很重要了。所谓悟性，其实就是在中国式的语境下的一种"猜心术"，猜领导们的心是需要阅历的。

老蒋当时的想法是，还不如全由自己招一批新人。可这根本由不得老蒋，因为新小不是她老蒋自家开的店，想要谁就招谁。这是教育局办的学校，教育局才是这所学校的"老板"，校长们只是代理人。2000年7月20日，老板对代理人老蒋说："给你24个人，9月1日开学的时候，我来看，让红旗升起来，国歌奏起来，铃声响起来，就这些要求，去办吧！"

听完领导的训示，老蒋哪里敢说个不字，但心里更慌了。师资问题暂且不说，那个所谓的新校舍是个空壳。"天呐，什么都没有，全都是空白！"领导们一般都有"更重要"的事去做，既然任命老蒋当校长，一切就看校长的能耐了。

老蒋有什么能耐？只好求朋友帮忙。好在她以前工作过的两所学校的校长还算宽容大度，关键时刻鼎力相助，各允许老蒋带走一个能人，一个是顾老师，还有一个是王老师；顾老师任总务主任，王老师任教导主任。日后证明，这两个人确实了不得。毫不夸张地说，如果少了他们，新小靠老蒋单枪匹马是万万撑不下去的。

问起老蒋对学校开办时的哪些事印象最深刻，她回忆了一件"伤心事"："正式开学前的准备工作特别忙，那时还在放暑假，我们组织老师们整理操场，操场上全是野草，总得让操场像操场，教室像教室。他们在搞卫生的时候，作为校长，我有一大堆开办前的公务要处理，当然不可能总陪着他们。有一次，没有与老师们一起劳动，不久就听到他们在嘀咕了，说总务顾老师和我，他们两个人在做些什么事？我听了真是很难过。第二天早上，我连忙和他们打招呼，连声道歉，向他们说明情况，好不容易取得老师们的谅解。"

对老蒋陈述的这件"伤心事"，我有以下两点疑问。

第一，教师们是不是要亲自去除草？从社会分工角度看，似乎真不该由专业教书的人去干除草这件专业之外的事。政府办学校,雇专门的人造房,雇专门的人教书育人,雇专门的人做饭、做清洁、做保安和开校车,可是领导们却常常让教师干一些专业以外的事,是否合理呢?比如说,管学生吃午餐,迎候和护送他们进出校门,每天在教室里拖地擦窗户,甚至还要冒着酷暑除草。我的疑问是:教师们干了不少体力方面的杂务,为什么极少有人提出意见说这活儿不该由教师干?

第二,即使在非常时期,像除草之类的体力活儿理应由教师来干,那么校长要不要亲自陪同?从学校内部分工看,校长的职责主要是决策,由她决定要不要除草,什么时间除草,由哪些人除草,除草除到什么程度以及谁来监督、检查除草过程和结果。校长做出上述决策后,学校中层干部特别是总务主任则根据校长的决策指令,具体安排除草的组织工作,比如由哪些人组成哪几个小组,从东边还是从西边开始除起,或者组织一下劳动竞赛,对表现好的小组和个人进行表彰奖励。作为操作层,员工们则按要求认真除草。我的疑问是:老蒋作为决策者,在办公室里办公务,几个教师开始在背后嘀咕,她心里很不悦,却第二天一早赶紧向大家道歉,她为什么会向教师认错呢?如果有错的话,她错在哪里呢?

其实,在学校里,"应该"与"实际上是"是如此的不同!那些"应该"的并不都是对的,而真正对的却是"实际上是"的。

从社会分工角度看,教师的社会分工"应该"是上好课,想让他们参加除草也行,但"应该"是志愿而不是"必须"。可是,"实际上"普遍的观点都认为学校的事就是每个学校成员的事,学生的事无论吃喝拉撒睡教师都要关心。

从学校内部分工看,校长的管理分工"应该"是决策,校长参加除草也可以,但其目的"应该"是下基层了解除草工作的进展情况以便决策、调整而不是"必须"。可是,"实际上"普通的观点都认为教职工的事就是校长的事,教职工上课你要带头,教职工看护孩子你要到场,教职工除草你也要与他们一起，教职工的事无论吃喝拉撒，哪怕夫妻关系、婆媳关系、子女入学上的事，你要事事关心。

那些"应该"去做的都是理性的，而那些"实际上"做的往往带有非理性的成分，正在除草的教师和听到嘀咕声的老蒋并不是不知道他们的"应该"。教师心里知道他们应该备课、授课而不应该在野草地里挥汗如雨，可他们被"实际上"的事困住了，心中很是不乐意，却绝不可以对外宣示"我不愿意"！于是，他们心里的怨气便没处可去，只有嘀咕起他们的领导，但绝对不是真的对领导有意见，仅是抒发怨气而已。

老蒋心里也知道此时自己应该集中时间和精力研究公务决策，而不应该与教师一起耗尽体力，可她也被"实际上"困住了，心中很不乐意，却绝不可以对外宣示"我偏不下去"！与教师不同的是，她是不能随便嘀咕的，她知道学校尚未开办，收拢教师的人心何等重要，毕竟即使是眼前，除草的活儿还是得要他们干的。于是，她的唯一选择就是向教师们妥协，她郑重地去向教师们道歉就是一种放低了的姿态，获取教师的谅解并恳求他们继续除草的姿态。从表面上看，老蒋是在向教师妥协，本质上，老蒋是在向"实际上"妥协。

从"实际上"的角度看，人们会期望教师万能和期望校长万能，但是"实际上"那些意见并非是理性的。唯有非理性的意见才会要求教师和校长成为万能型的人，也唯有非理性的意见才会要求学校成为万能型的机构，政府成为万能型的机构。而从理性的角度看，无论教师、校长、学校、教育局还是嘉定区政府，为提升工作的质量和效能，"应该"是专业的和有限制的。

从来没有人是真正万能的，也不会有任何机构是真正万能的。试图扮演全知全能是狂妄的，也正因为要经常去扮演这些全能的角色，学校以及学校里的每个人才多了许多的苦难。

四　学校是如何做到规范化的

2000年9月1日,24个老师,270个学生,新成路小学正式开张了。7月份领导训示的工作任务均告完成,最重要的是国旗升起来了。

老蒋说,开学后,"首先想到的就是怎样来规范老师上课,我让教导处拟了一个计划,告知每个新小老师应该干些什么事,如何做好这些事"。老蒋下的这个决策,就是要在全校建立最基本的教学规范。我对新小建立的那些规范本身兴趣不大,我是要探究老蒋下这个决策的依据是什么,也就是说,她凭什么说新办的学校要从规范抓起。

我发现,她在描述这一决策时所用到的词多半是"我认为""我感觉"之类的感性词,她从未使用类似"研究表明"这样的理性词。显然,她是靠直觉进行判断的,这似乎成了她的一种思维习惯。正是直觉告诉她,一所新办的学校,一个新上任的校长,一群新来的员工,应从哪里着手。明摆着是从规范开始。

可是她的直觉是正确的吗?当然,从事后看,她从教学常规入手的决断是正确的和明智的,可是在决策前如何就能确知决策正确与否呢?人的直觉是可靠的吗?

当然,她未必认为自己的直觉一定是可靠的,可即便她认为直觉并不可靠,也不能改变她对直觉的依赖。因为除直觉外,她还能依靠什么?依靠那些过来人的经验,还是那些研究者的研究成果?

首先过来人的经验未必是可靠的。假如一个经验丰富的校长,作为一个过来人真诚地对老蒋说,我认为你应该从规范入手,那么这种过来人所给出的忠告总是可靠的吗?其实,给出忠告的人并不十分了解老蒋所处的环境，也不必对这条忠告的实施结果承担任何责任，过来人所提出的建议依然属于直觉，那么过来人的直觉就一定会比老蒋自己的直觉正确吗？

想必她的师傅汤雁在她上任前会对她谆谆告诫，说过不少此类出于直觉的话，而我相信每次告诫完她都不会忘记补上一句：小蒋啊，刚才这些都是我个人的观点，你自己决定啊！其实即使是告诫者本人对自己的告诫也未必抱有十分的信心。

如果说他人给出的建议未必可靠，那么研究者们的研究成果可靠吗？我想，很多教育研究者的研究成果对实践者的实际工作很少起到指导作用，至少对新小这样的学校，很多专家的意见并不那么可信。更何况，一些研究者对宏大叙事的兴趣似乎远大于如何开办一所小学校，因为以后者作课题几乎是拿不到经费的。

所以，作为一名年轻的新任校长，老蒋是凭着直觉开始"拓荒"的。而我所知道的几乎所有的校长，他们都不会得到教育局领导强有力的指导，也没有来自专家的意见，他们多半是靠着本能去开展工作的。他们开局顺利，那是运气好，是偶然的。而开局不好，运气不好而已，也是偶然的。

老蒋就属于运气特别好的那种。进入这所全新的学校，她的直觉便开始发挥作用，而所有人类未知的领域几乎都为直觉提供了空间。新开办学校所面临的诸多不确定的因素，使得老蒋的想象力有了发挥的余地。按照她的想象，新小应该是一所规范的学校，一开始就应该是。

这里，又得再纠结一下了：老蒋作为决策者，她的所谓"应该是"与"实际上是"是否一致呢？也就是说，那些白纸黑字，那些规范性的条文，有没有可能化为规范的行为呢？答案显然是否定的。如果只要是写在纸上的规范就能变成教师们的行为规范的话，管理也就太简单了。当然，要是写在纸上的那些规范本来就来自教师的日常行为，那就好办多了，可纸上的规范偏偏是要矫正教师们的日常行为的，甚至是与教师的惯常行为相悖的。因此，学校成文的规章制度与教师之间在一定程度上是一种天然的敌对关系。要是没有强制力作为后盾，老蒋要的那些常规是根本建立不起来的。

开办初期，新小就拿出了一套教学方面的规范，这套规范是学校管理层自上而下规定并严格执行的，或者说，这套规范是以学校行政力量作为后盾强制执行的。代表行政力量的具体机构就是教导处，教导处认为应该这么备课、这么授课、这么批作业，把这些要求都写下来，于是就变成了规范，然后要求新小人人必须遵守。为确保规范得以执行，教导处所用到的行政手段是检查和监控，以及批评和表扬。

为什么学校那些自上而下宣布的行为规范，一定要以强制力来确保执行呢？老蒋的说法是"人怎么可能自觉呢"，我将老蒋的这句朴素的话用"学术性"语言再来表述一下：

1. 人们倾向于按个人的经验行事，也就是人的内心抵触一切外部强加在自己身上的束缚，因而个人与组织规范之间的冲突是长期存在的。因此，组织必须强制推行规范。

2. 学校认为所推行的规范是有效的，而员工可能认为自己的经验才是有效的。比如，学校认为教师备课应写在备课本上而且要写详案，可有人会质疑：我把备课记录写在教材上的空白处为什么就不行？难道详细地写在备课本上就一定有效？如果你们认为这么做有效，请问你们验证过吗？因此，为防止出现这样的质疑声，组织必须强制推行规范。

3. 即使教师对学校推行的规范毫无疑义，也不能保证他们都可以自觉地将其内化成行为，那是因为建立一种新的行为是要付出代价的。这主要不是计算建立新行为的成本，而是要计算纠正固有行为的成本，因此，组织必须强制推行规范，以使外力足够强大而补偿内部动力的不足。

这就是说，凡人都是不自觉的，因而为凡人制定规范，都是要靠强制力去推行的。可是，谁代表强制力去推行呢？显然，管理者尤其是最高层是学校强制力的代表，只有通过他们才可能不折不扣地将那些规范一一落实。

可是，管理者尤其是最高层管理者中有谁愿意去干这件得罪人的事呢？常识告诉我们，几乎没有人愿意去做。照老蒋的说法，"得罪人的事，谁愿意干"，我再把她的话转换一下：

1. 凡强制推行的行为，都会遇到抵触，严重的抵触可能会引发大规模的冲突，这是谁都不愿意看到的结果。

2. 凡抵触，都不会针对某项具体的规范，而总是指向于某个人，比如，谁代表学校施行强制力，谁就可能成为教师的公敌。

3. 为防止教师抵触而引发的针对管理者个人的攻击，最好的自我保护就是使自己十全十美、无懈可击，可有几人能做得到呢？

于是，为推行那些常规，老蒋想物色一个能代表行政力量，而本人又近乎完美的人。这个人就是新任用的教导处主任王老师。

老蒋说："我的性格有问题，耳朵软，心也挺软的，有人在我面前说情，几句话一听，马上就没有原则了。"显然，老蒋认为她自己缺乏代表学校强制力的能力。她接着夸奖起王主任："好在那时王老师出了很大的力，她是教导主任，搞教学诊断的时候，她陪我听课，一个学期下来，至少每个人的课听了3次。"

开办初期建立规范，狠抓常规，在王老师的强力推动下，事情居然就这么做成了。而且所幸的是，冲锋陷阵的王老师并没有成为教师们的公敌，显然没有人因此而受伤。

反而，王老师还当选为工会主席。这令老蒋欣喜万分，她说："我担心来自四面八方的老师，心不齐，包括墅沟（小学）过来的，心也不齐。我觉得王老师是很有本事的，在3个月里，就已经把这些老师全部都拢在身边了！"王老师是一位神奇的女士，在后面篇幅中我还将专门描述她。

老蒋筹建一所新学校取得了开门红，靠着直觉，她认为应该抓常规，看来这个凭直觉下的决策是正确的。而如果行政力量中少了王主任，即使直觉是对的，结果也可能是错的。反过来说，要是没有王主任的鼎力相助，那么抓常规就可能会落空，假如结果是错的，那又怎么证明老蒋当初的直觉是对的呢？

因此，如果有人请老蒋介绍新开办学校的治校经验，她要是回答说从常规抓起，她的经验难道是可信的吗？所以，一切叫作经验的，都是后推的，因而在一定程度上都是不可复制的。

抓常规抓出个样子来了，直觉又告诉老蒋，该抓点儿有内涵的东西了。老蒋说，光有规范是不够的，规范只规定行为，却不能赋予学校灵魂。那新小这样一所新兴小学，会被老蒋赋予什么样的精神特质呢？

五　教师是如何思考和交流沟通的

　　新小的干部和教师中没有人喜欢理论的东西。其实，中小学教师几乎都不那么喜欢理论，不仅不喜欢，而且到了谈起理论就"色变"的地步了。不过，这不会影响他们与搞理论的人士的交往，他们不欢迎理论并不代表他们不欢迎理论家，新小就聘请了多位教育研究者为他们服务，其中就包括我。

　　他们对理论有一种敬畏感，我不知道这种敬畏感具体来自哪里。对自己陌生而得不到的东西人们往往会抱有崇敬之心，他们觉得理论的东西读不懂而且很难理解，他们认为自己写不出像理论那样子的抽象性文字，但这不影响他们仰视的姿态。

　　这令我深深地怀疑理论与他们生动多姿的实践活动的相关性。实践界和理论界用的是不同的语言系统，而相互之间居然无法转译，这到底是实践界的问题还是理论界的问题？

　　平时，他们经常讨论教育中遇到的种种问题，实践中他们的问题实在太多，而他们从来都不借助任何概念和术语来讨论。如果不用概念和术语讨论的话，这样的讨论会令彼此都有收获吗？平时，他们经常交流心得，经验、教训之类的心得实在太多，如果他们不使用概念、术语，那他们又是如何互动起来的，而没有让彼此交流成为可怜的独白？

　　奇怪的是，他们真正的通用语是家常话，而不是概念和术语。也许正是那些令人费解的概念和术语才真正阻碍了他们的交流，甚至还阻碍了他们的思考。教导主任王老师后来执意要辞去教导主任工作，就是因为她不善于使用概念和术语。那套话语系统不是她的，甚至不是任何像她那样的实践者的。她自嘲说:"我早该让位了,我搞理论研究不行,不会写东西。"她不会写东西是真的,老蒋证明说她写得最长的文件就是学校开办时教导处的一份工作计划。可是,你要听她说话,就会惊讶于一个如此能说会道、妙语如珠、精力充沛的人,居然不会写东西?那实在是因为论文、报告之类的文字不能准确地概括她的经验。于是,我发现她的自嘲中其实带着不少骄傲的成分。

老蒋说,王老师讲案例很在行、很动听。大家吃完午饭,经常凑到她那里,听她讲故事。讲故事的时候,她俨然是个故事女王。王老师讲故事是不需要备课的,她的故事能激发出听众们讲故事的欲望和冲动,每个人都有很多故事,于是一群人就这样开起了"故事会"。久而久之,这群人就发展成了一个相对固定的群体。

新小的故事很多,除了原墅沟小学的十多名教师,其他人都来自不同学校,每个人就是一个故事,正是这些描述他们的教育经历和生活经历的真实故事将这所新学校的教师们连在了一起。如果他们开理论研讨会,每次饭后聚在一起宣读论文,该会是多么滑稽可笑的事!教育的语言唯有与生活的语言融合,教育的世界唯有与生活的世界统一,学校的诗性才会复活,学校的魂魄才会回归。

"我主张教师之间要互相赞美,而不要老想着去挑别人的毛病,"老蒋接着说,"我们这群人平时很疯的,要比疯的话,他们疯不过我,要喝酒的话,那些男教师,估计我一个人能拼他们两个。"她这么说的时候,我突然发现她像个孩子。每个人都戴着面具走到社会中来,人们对周围的其他人往往怀有戒心,于是活得很辛苦。为什么在新小谁都可以疯,谁都可以放下自己大胆言说?不是理论给了他们底气,而是互相欣赏和赞美,让每个人都可以是儿童,儿童般天真,儿童般赤诚和透明。

老蒋主持下的学校管理是透明的,教师会上她讲得很轻,也很少;台下教师们在静静地倾听,听她用家常话将家底和盘托出。

其实,这就是学校,她的发展史就是所有人在一起的生活史,这部历史书用日常话语写成,而内容则只是故事。

六　校长和副校长是如何相处的

朱一兵是新小的业务副校长。中小学的校级干部按学校规模配置，20 至 24 个班的一般只能配备 3 人，分别主管教学、德育和后勤服务，其中主管教学的副校长又俗称业务校长。在中小学，教学是中心工作，是最重要的业务，所以业务副校长的权威性要高于其他副校长。

德育工作并不被认为是业务，虽然各级各类文件和指令中都无比强调"以德育为核心"或"德育为首"，但这些文件和指令并不能真正提高德育在中小学的地位。"不务正业"在中小学是一个糟糕的贬义词，而分管德育在他们自己看来也不是什么太务正业的职位，于是在不少学校，管党务的干部兼管德育也是常有的事。

相比分管教学，分管德育的干部看上去普遍显得有些疲劳。一是确实疲劳。说是管德育，其实要管着除教学之外的所有教育活动。而那些德育活动的组织比日常教学活动的组织难度更大，操作上更细碎，时间安排更具不确定性，指挥更不顺畅。二是显现疲劳。大凡那些功劳不够而疏漏多多的职位都要靠加倍的苦劳来把地位挣回来，分管德育似乎如此。

所幸的是一兵分管教学，而她也是一个很知足和娴静的人。在就任新小副校长之前，她与老蒋是小姊妹和牌友，她们虽不至于情同手足，却保持着良好的私交。我问她从朋友到下属，角色变化能否适应，她笑了，说："没感觉什么不适应啊！那时候打打牌聊聊天从来不谈工作的，到新小以后，角色有些转变，但我融入得很快。"

一兵是一个很能适应环境的人，凡内心知足和娴静的人都不会去挑剔和抵抗环境的变化。她将她能迅速适应角色归功于老蒋，一兵说："我觉得她非常宽容。大部分学校都是校长出思路，你只要照着去做，而在新小你要自己想办法去做，她给你留了空间。如果出了什么问题她也不会来怪你，而是大家一起来承担，包括校长本人。"

校长与副校长的合作关系在中小学内部一直比较微妙。前文中我已揭示过某些微妙之处，比如说，校长和副校长都由教育局党委任命的话，他们同时对上负责，因此本来就不是什么真正的上下级关系；另一个微妙之处是副校长的下属是中层干部，比如，分管教学副校长的下属是教导处主任，分管德育副校长的下属是德育（政教或学生）处主任，在校长和分管副校长发出的指令不一致的情况下，到底应该服从谁？毕竟一个是"县官"（校长），而另一个是"现管"（分管副校长）。

在新小，校长与副校长之间的关系却没有那么微妙和可怕，老蒋笑我为什么把事情想得那么复杂。我认为，这并非我想得复杂，而是这些问题被有意无意地掩盖，或以对人与人之间道德过失的检讨简单而巧妙地替换了对干部任用制度的反思。因此，老蒋和一兵（正副职）之间的关系并不如想象的那么微妙，这只是一个特例。

这个特例"特"在一兵知足、娴静，老蒋宽容、大气，以及她们本来有良好的私交，而"有缘"在同一所学校工作让这种私交越来越深厚。除了开办之初抓过一阵子常规，总体来说，老蒋崇尚无为而治，她说她的工作只是去判断"下属们"的工作是否符合她的原则，从不过问细节，所以很轻松。

一兵的父亲生病住院，直到 2007 年去世，在这个艰难的过程中，老蒋和其他同事经常去探望，这令一兵很感动。"我会把工作与老蒋对我的关心联系在一起，因为我觉得领导对我这么关心，如果不能把这个（工作）做好，实在说不过去。"类似的话王老师也曾说过："如果老蒋离开了，我也不干了。"

我一直在探究人们努力工作的理由，我发现"士为知己者死"是一条至关重要的理由,"知恩图报"也是一条很重要的理由。这显然与被表彰为先进时的发言稿上的内容是不一致的,人们在念稿时冠冕堂皇的种种崇高说辞是如此的苍白无力。

人们为什么在公开场合不能直接说出真实的感受?那是因为人们缺乏在公开场合说出心里话的能力,一些人只有在安全的私人空间才会说出心里话,正如一兵对我这个听众说:"我真的过意不去,像欠了人家的债。"对此现象,我丝毫不觉得奇怪,早已司空见惯了,我奇怪的是,新小的女人们,如此知恩图报,甚至有过于男人而无不及。

在学校,私人之间的关系显然压倒了正式关系,这使我们在研究中国式学校的内部管理时,不能不先从私人关系着手。或者说私人关系良好,不可能将变成可能,而私人关系恶化,则可能也会化为绝望。

一兵感慨地说:"我们这群人,不折腾,不制造矛盾,也不去说这项荣誉该归功于谁,强调团队精神。一件事布置下来,你是分管的,其他人会全力配合,不管成功还是不成功,做到最后你不会觉得很难过。在这里做事情,我感觉很愉快。"

我问她怎么会从实验小学调到新小当副校长的,她说她自己也搞不清楚。她说:"我对自己的职业发展从来都没有什么思想(想法),我是今天做好今天的事情,不为明天的事情去思想的。"她知道想是没有什么用的,只是徒劳罢了,既然人无权决定自己的前途命运,那就索性认"命"。她说:"如果领导叫你做什么,那就去做吧,也不要去要求什么,或者刻意地去做什么,不然人会活得很累。"一兵的这一认识倒是有些禅意在里头的。

一兵对我说:"一个女孩儿不一定要在事业上有多大发展,随遇而安吧。"我听出这句话并不是对他人的劝诫,而是对她自己的忠告。而如果是对他人的劝诫,那这句话的适用范围一定不会仅限于"女孩儿"。

随遇而安的一兵在实验小学时是工会主席。工会主席在学校享受副校长待遇,与副校长一样是校长的助手。

从校长的角度看，工会主席必须是自己的贴心人，或者说必须与校长一条心。与副校长不同的是，工会主席必须经过"民选"。书记和校长可以提名他们中意的人选，但这还得经过选票的考验。不出意外的话，书记、校长提谁的名一般谁就可以当选，可这并不是铁板钉钉的事，选举的过程中可能会有些意外发生，一些节外生枝的事偶尔也会发生。随着教师权利意识的觉醒，意外的发生变得越发频繁，这考验着校长们的政治智慧，更考验着他们脆弱的神经系统。

意外一：学校党支部书记看中的而校长未看中。书记往往会格外重视工会主席人选，因为"党管工会"是天经地义的事，历来学校的工会组织会被看作党支部的地盘，或者工会组织就是书记的"势力范围"，在好些学校甚至由党支部书记亲自兼任工会主席。这种意外在书记与校长不和的学校特别容易发生。

意外二：书记、校长推荐的候选人落选了。书记和校长一致认可的人选，群众却不满意，导致其票数不够入选工会委员，当然他也就无缘工会主席了。这种意外在学校高层领导与群众严重对立的学校特别容易发生。

意外三：书记、校长推荐的候选人当选后却抛弃了"恩人"。为了当选工会主席一职，他可能当时会对学校高层唯命是从，可当选后却"翻脸不认人"。作为工会主席，他只是一味站在教师立场上扮演群众的民意代表，常常代表群众与学校高层"闹别扭"。这种意外与学校高层缺乏沟通管道和方法有关，往往会令书记、校长追悔莫及。

一兵当选工会主席却不是例外。学校高层支持她，群众对她很满意，每年的工会主席测评，群众打分都很高。一兵将其归因于"待人蛮随和""群众关系蛮好""一些老师说我的好话"。

确实，待人随和是中国式学校工会主席的必要条件，她必须游走于学校高层与群众之间。双方认可她，首先是因为她的人品，她的随和。甚至她的随和也成为她当选新小副校长的重要原因。

一兵被派到新小，老蒋事先是不知道的。在教育局的一些领导看来，为学校配副校长本来就与该校法人代表无关，更与这所学校的教职员工无关。其中是没有什么道理好讲的，无关就是无关，虽然事实上是那么的有关。

决定下了以后教育局领导找蒋校长谈话，说"你们这边要派个副校长来"，问蒋校长有何想法。想必老蒋即使有想法也不能对领导们说，她一定知道领导们需要的答案是唯一的，那就是"坚决拥护，好好配合"云云。老蒋和所有校长一样，绝不会傻到与领导对抗的地步，老蒋当年自己升职的时候，命运就把在领导们手中，而且还将继续把在他们手中。

幸运的是，老蒋与一兵本来就有私交，所以听说一兵将出任副校长，老蒋心里很高兴。于是，一兵就这么上任了。

一开始，一兵被安排分管学校的德育。这是她第一次管这项工作，但工作还是挺顺利的。她说："学校本来基础蛮好的，小朋友在行为规范上还可以，而且学校规模也不是很大，管理上还不算费力。"在她分管德育的这一年里，教育局给新小德育工作的评分为满分。

而后，她开始转而分管教学了。

七　编制什么时候是个问题

葛玮是嘉定第一届中师班毕业的，那一批毕业生一共才 40 名，1983 年她回农村老家的一所完小教英语，因为"他们觉得我是学历最高的"。

英语是一门奇怪的学科，它是一门教外国语言的学科，学生在英语学习上耗费的时间却比母语还多。英语虽说是一门学科，却几乎不传递知识，语言是传递知识的工具而不是知识本身。对英语的批评主要是，英语几乎不能增长儿童的智力，除了可能训练我国儿童本已超乎寻常的记忆力之外；它对想象力和创造力多有害处而少有益处。可英语却是三大主科之一，其地位与语文和数学齐观。

当时，农村小学英语师资严重匮乏，认得 26 个字母和稍能读出几个单词的老师就能给学生讲英语课了。葛玮老师虽然不是英语专业毕业的，但她还是因为"学历高"而被安排教英语，并且这一教就是四五年。这一现象在现在的不少地区依然存在，至今那些根本不具备师资储备的农村学校还赫然开着英语课。

直到后来调到墅沟小学，葛老师才改教语文，估计在墅沟小学她的学历不算高的。1995 年 12 月，戬浜中心校缺大队辅导员，领导便决定借调她去。

大队辅导员是少先队组织的辅导教师。少先队的全称是"中国少年先锋队"，类似于国外的"童子军"却又不是童子军，因为童子军鼓励冒险而少先队虽然是"先锋队"，却从不会组织需要"冲锋"的活动。此外，少先队与童子军的不同点还在于它是一个政治组织，少先队员们在仪式中需要齐声呼叫政治口号：为共产主义时刻准备着。

在中小学，现在的少先队组织的政治性正在淡化。比如以前只有一部分各方面都表现突出的学生才能加入少先队组织，而现在每个孩子无论愿意和不愿意都幸福地戴上了红领巾。

现在的少先队不仅每个儿童都必须加入，而且这已经不再是少年儿童的群众组织了，与其他群众组织一样，少先队组织也已经"行政化"了。被行政化了的少先队组织有两支"队伍"。

一是学生队伍。学校每个孩子都是少先队员，全体队员构成了一个大队，被冠以某某学校"少先队大队"。大队的领导机构是"大队部"，大队部设大队长一名，副大队长若干名，大队委员若干名，他们都佩戴三条红杠的袖标。每个教学班都是大队下的中队，设中队长一名，副中队长若干名，中队委员若干名，他们佩戴两条红杠的袖标。中队（班级）下设若干小队，每个小队有小队长一名，佩戴一条红杠的袖标。学生的少先队组织是一种典型的科层制的结构，佩戴袖标的孩子可能从小被该组织训练成"官僚"，这加速了他们"社会化"的过程。

二是辅导员队伍。学校会派一名教师任大队辅导员，而中队（班级）辅导员则由班主任兼任。由教师组成的少先队辅导员组织也是科层制的结构，大队辅导员向中队辅导员下达工作指令，检查和督促中队辅导员的工作。一些学校设德育处（或政教处），负责学校德育工作，而少先队大队辅导员相当于德育处的副主任。按上级团委的有关规定，大队辅导员享受中层干部待遇，实际上这未必在学校中得到贯彻。

其实没有辅导员就没有所谓大队、中队、小队。因为学生年龄的关系以及成年人对儿童的"过度保护"，少先队几乎从未真正自理自治过，即使表面上是这么声称的。

少先队组织在学校的功能主要是搞活动和检查学生的行为规范。而少先队的队长、委员们都只是辅导员的助手，即使只是助手，却因为能获得比别的学生更多的抛头露面的机会，以及握有检查别的班级和学生行为是否规范的权柄，他们比别的孩子更骄傲和更自信。而他们的父母往往支持他们这么做，孩子若当上学生干部则更容易获得教师格外的照顾和宠爱，因而更容易得到额外的关照，比如，被评为"三好学生"或作为"优秀生"被推荐到名校就读。

一般从小在学校当"小干部"的孩子，他们的心理成熟度要高于"小群众"，其中一些如果成为善于"玩弄权术"的人精，则显得虚假而不可爱。

我发现，在那些专设政教处之类德育管理部门的学校，大队辅导员的地位并不高。这与他们的年龄和资历有关，名义上大队辅导员领导中队辅导员（班主任），但大队辅导员一般由二十多岁的未婚女教师担任，所以，她们即使拥有对中队辅导员的指挥管理权，也无从指挥和管理她的"前辈"班主任们。这使得大队辅导员在学校行政体系中常常被虚化了。

葛老师不愿离开墅沟小学去当什么少先队辅导员，领导严厉而坚决地对她说"你不来也得来"。她就这么离开了，留下那班学生，他们都哭了。因为孩子们没有认识到服从大局和服从领导的重要性，相信他们将来会认识到。

葛老师心里老大不愿意地遂了领导们的心愿，到戢浜中心校当上了大队辅导员，那是1995年12月的事。到2000年时，她已从辅导员升任校长助理了，这至少说明她干得还不错。

而这时，领导又找她谈话，要她回到墅沟小学去，理由是她的编制在墅沟小学，墅沟小学现归新成路小学。"他们说编制在哪边就回到哪边，我就到了新成路小学。"葛老师无奈地说。

我想，在葛老师正处青春年华的时候，在她人生最好的年纪，她被领导做主了至少两次。一次是1995年，她好好地做着班主任，却被借调到戢浜；而2000年她好好地做着校长助理，却又要回墅沟。向来安分的葛玮可能从来不去想一个不安分的人出于本能就会去想的一个问题：既然编制在哪里就要回哪里，那为什么当初编制在那里却要被借调到这里？当要你去那里时，"他们"告诉你要服从组织安排；而要你回这里时，"他们"告诉你要服从编制制度。可是，为什么组织安排会与制度安排不一致呢？她没有想这些问题，不知不觉到了中年，回忆起自己的整个经历时她发现，这些简单得不能再简单的经历其实不是葛玮的，而是"他们"的，葛玮在"别处"。

公办学校中的"合法"教师，每个人都有一个编制，如果某教师不在编制内，则属于身份不明确。身份不明确的人估计会过着提心吊胆的日子，因为说不定哪天会被"清退"，虽然他与有编制的教师一样被孩子们亲切地唤作"老师"。在学生眼中从没有编内编外之分，只有好与不好之分。

在学校里，有不少没有编制的教师。为什么有人即使在编外也要去学校当教师，而且心甘情愿地如编内人一样工作呢？那是因为当个编外的教师虽然收入不高，也缺乏必要的劳动保障，但至少这是一份颇为体面的工作，而且入行的门槛不那么高。他们中优秀的一部分还抱着一丝希望，希望凭着自己的努力终于时来运转成为编内人，而大部分编外人可能把在某处当编外的代课教师当作最后一次。相比这些人，葛玮是幸运的，因为至少她的劳动者权益是有保障的，只是编制在别处。

既然编制问题可能会导致一些人的不幸，学校为什么还会聘请编外人员呢？我考察下来发现，原因主要是：

1. 学校编制数偏紧。不少地方政府都将教育看作财政负担，这与他们所声称的"历来重视教育"明显不符，对口号与事实不符，我们早已见怪不怪。不少地方把教育看成财政负担是有理由的，教育支出往往占地方财政支出的一半以上，在一些穷困县甚至占到90%以上。而教育支出方面占比重最大的是教师工资，一些财政窘迫的地方实际上是"吃饭财政"，为此，政府采取的策略主要是扩大班额和紧缩编制。这一情况在富庶的新兴工业城市区嘉定并未发生。

2.学校生源超编。一些品牌学校，家长趋之若鹜，而受校舍条件限制，这些学校无法满足更多的入学需求。可是总会有一些招生范围之外的学生被安排进来，这导致班额膨胀。被安排进来的学生往往没有学籍，被称为"借读生"或"插班生"，因为他们没有正式学籍，所以这些学校在核定教师编制时就吃亏了。如果不请编外教师作为补充，要么编内教师负荷过重，要么教育质量滑坡。

3.学校存在有编无人的现象。凡政府机构改革都提出"精兵简政"的目标，每次要给政府部门瘦一次身，教育主管部门也在其列。可政府原有的职能并不会随人员减少而减少，于是政府机构人手短缺的问题就愈加严重，教育主管部门的人手也同样紧张。这时，便想到从基层学校借人，学校只要有教师被借走，则编制紧张的矛盾就会更为突出。还有些学校，编制上的一些人其实并不上班，这些人到底在哪里以及到底有没有这些人，是没有人敢问或者即使问也问不到的。学校里，上级指令派下来的挂名书记、副校长也不在少数，比如，某市副市长挂名在某校当党委书记却从未来学校上过一天班，那是因为该市副市长是副处级干部，而该校书记为正处级级别，为解决该副市长正处级干部待遇问题，学校可能给他一个空编。

还有一些意外情况的发生也会导致学校编制紧张，比如，某教师请长病假或产假，某教师外出脱产学习，某教师支边支教，某教师被安排到教育局或其他学校挂职锻炼，某教师在先进性教育、群众路线教育等活动时，被借调去"先进办""群众办"工作，某教师因为英语水平高被借调去做世博会志愿者等，不一而足。因此，编外的代课教师就成为学校的"必需品"。

到底谁在掌控着学校的编制呢？

显然，学校是无权核定自己的编制的，核定学校编制的一般是教育局人事科，可教育局事实上也是无权确定教育系统的总编制数的，最终核定教师编制的是地方政府的人事局。可人事局本身不从事教育活动，他们是依据什么来确定编制的呢？这似乎是无法深究的傻问题，就如同我们问上帝是依据什么标准造人一样不够虔诚。或者问人事局又是怎么给自己确定编制数以及他们又是如何核准的，也同样属于无法深究的问题。

反正葛玮知道自己的编制在墅沟，所以现在就得到新创办的新小去上班。

到了新小，葛玮继续担任她的大队辅导员，管着学校德育。因为刚开办，教育局对学校要求不高，学校能正常运转就行，各项工作都不纳入考核范围，所以干起来并不太难。那时学校需要干部，于是葛玮顺理成章地担任了只有4名党员的党支部的专职副书记。再后来，教育局派来了一名书记，不再需要副书记了，于是葛玮就改任副校长了。再后来，那位被派来的书记因病去世，两年后的2004年，葛副校长当上了书记。

在中小学，书记和校长的职位是可以互换的。一般会考虑让年龄偏大的临近退休的校级干部当书记，为退休做一个照顾性的过渡，显然，让年龄更轻的人当校长去冲锋陷阵是一种颇为人性化的安排。从平衡方面考虑，一般会让男性任校长，而让女性当书记；或让性格外向、领导风格强硬的当校长，反之则当书记。

一般来说，校长和书记会同意互换职位，一是因为干部们学会了服从，二是因为互换职位并未要求他们做出多大牺牲。在中小学，校长和书记的行政级别相同，待遇也相同。在校长负责制条件下，校长的权力大些，书记的权力小些。与之相对应的是，校长的责任重大些，书记责任轻些。这也是一种平衡，组织功能上的平衡以及人们心态上的平衡，说到底还是心态上的平衡。

这种人为设计的平衡偶尔会被打破，当书记和校长之间发生冲突和争夺权力时，教育局可能会出手将二人一同调离，另行任用。教育局一般不轻易出手，除非书记与校长的权力之争表面化并在群众中产生了不良影响，因为书记和校长相互牵制正是教育局领导们乐于见到的。或者说，相互牵制和平衡本来就是这项制度安排的初衷。

到 2004 年的时候，党员们进行支部委员改选，葛玮当选为支部委员，支委会推荐书记时，葛玮票数最多，理论上讲她可以担任书记一职。但这只是理论上的，那些在党员选举中得票最高的候选人未必会被任命为书记，这要等到上级党委会权衡之后再下判断。至于权衡的依据是什么，基层党组织的党员们不得而知，因为权衡的依据在上级领导们的心里。

不过，有一条权衡的依据是确定的，那就是中小学党支部书记必须达到本科学历。也就是说，一名党员即使被全部党员推荐，也会因为学历不达标而当不上书记，或者说，即使一名党员无人推荐他，也可能因为学历达标而当上书记。学校的党支部书记必须达到本科学历这一条在党章上并没有注明，反正上面就是这么规定的，而且也没有人提出什么异议，就这么执行了。对葛玮来说，服从上面的指令从来就是无条件的。

在葛玮获得新小支委会推荐后，教育局有关部门来电向她考证，"本科的文凭出来了没有"，葛玮说正好出来了。于是，葛玮遂了新小党员们的心愿，成为他们的负责人和召集人。

对此，葛书记感觉自己幸运，一是同事们支持她和信任她，二是本科文凭终于出来了。那时，老蒋问葛玮："我要去读本科，你去不去？"葛玮说不去，"年纪大了，读也读不进去，不想去了，把自己的工作做好就蛮好了，再说占用双休日，蛮辛苦的，不去了吧。"可老蒋不饶她，说："你不读不行，我一个人去读太无聊了，你陪我！"葛玮于是成了老蒋的陪读和学习伴侣，在华东师范大学进修 3 年之后，她获得本科文凭，而她也因此由老蒋的副手成了老蒋的工作伴侣。

到此，我们看到新小的高层领导班子，校长老蒋，副校长一兵，书记葛玮，他们组建起这个班子，领导小学往前走。令人诧异的是，其实他们中间没有一个人能够主宰自己的命运，连在命运对他们做出如此重大安排的前夜，也从未有人询问过他们的意愿。而他们在这个体制内早已经习惯，习惯于不再关心自己的未来，他们知道，未来从来不在自己手中。

更令人诧异的是，如果要问起他们的上级为什么这么安排他们的命运，我估计没有人能回答，因为一切可能都是随机的。

八　情感何以改变人的生命走向

老蒋的另一个工作伴侣是工会主席王老师，她一直自命为"草民阶层的人"。中学毕业后她插队3年，1977年考上了安亭师范，毕业后她当了小学老师。

王老师从不会说些花言巧语，可能这辈子都没有油嘴滑舌过。因为她实干和能干，2000年时被老蒋劝说着一起从普通小学来到新小，老蒋之前在普通小学当副校长时与她是同事。王老师为新小筹建立下汗马功劳，老蒋对此心存感激，尤其是草创初期，王老师主政教导处，把常规抓到了滴水不漏，老蒋说，王老师是"新小名副其实的元老级人物"。

老蒋履新，自然就会想到，要去一个人生地不熟的地方，一定要带着得力的帮手，当时带了两个人，其中一个是王老师。现在看来带着这两个人，都是对的。做一把手的，一定要用自己的亲信，这个道理古今中外都一样。那是因为与非常值得信赖的人共事，沟通的成本才最低。"与一群不信任的人一起，还要长个心眼提防着，累不累呢？"老蒋说，"最好的办法就是直接带上自己人。"老蒋的这番小心思是对的，相比于从一群陌生人里培植亲信，"直接带上自己人"是最划得来的。尤其是一些成为亲信的人，当初就在这些人身上投入了不少情感，到用人的时候那就应该"收获"了。

但是，决定用自己人，也会有两个问题，一是那个人不愿意随你去，二是终于答应去了，可是变成你欠他一份情，日后或许会有隐患。确实，日后王老师在老蒋面前说话就不太"含蓄"，而王老师所提的要求老蒋也只能迁就一下，这大概就是后遗症。

王老师理论水平不高可实践能力特别强，这与她在普通小学时长期任年级组长有关，这是一个很能磨砺人的工作岗位。这里我们来拆解一下年级组这个机构，来看看这个基础组织到底是如何磨砺人的。

首先，年级组和教研组都是学校的基层组织，却有很大的不同。在我国，教研组是一个被法律和文件正式确认的组织机构，那是在20世纪50年代的时候向苏联学习的结果。与教研组不同，年级组这一级组织从未被正式确认过，却在学校承担着甚至比教研组更重要的行政职能。在那些规模较大的学校，一个年级通常有六七个教学班，大部分一般规模的高中也要达到十个班，学生行为管理上的压力开始显现，于是学校纷纷成立年级组以加强对学生纪律和行为方面的教育与管理。因为年级组承担的责任更大，所以教师们的办公室也以年级为单位来安排，这便于及时而准确地把握学生纪律和行为动向、信息，也便于本组教师采用相对一致的步骤和方法控制学生行为。按年级集体办公也进一步强化了年级组的职能，使其不仅要管理学生，还要管理本组教师。所以，以虚实来论的话，教研组虚而年级组实，教研组长一般由年龄偏大的资深教师担任，而年级组长则不定，因为这不是一个太热门的岗位，新小的一位年级组长评述说"杂事太多，还不如当教研组长"。

年级组长是年级负责人，年级组长的主要任务是上传下达，即把校长和各部门的指令带回本组贯彻落实，把本组工作情况向校长和各部门汇报。上传下达的任务看似简单实则不易，因为上面布置的任务由组长传达，而教师们不愿意干的话就会反馈给组长，将那些不良情绪和上头布置下来的工作一并还给组长，于是上面布置给组里的工作实际上就算是布置给了组长。所以，在所有人心目中，最适合当组长的便是那些为人忠厚、任劳任怨的人，评先进时他们常常会被人想起，而提拔的机会却渺茫。王老师这个组长却是一个例外，她不仅把组长这个工作干好了，在普通小学还因此被提拔为校务办公室副主任。可是她似乎更喜欢当年级组长，觉得年级组长的工作虽然忙，可是"接地气"，至于校务办公室的工作，却是个"高级打杂的"，她说她不愿干这个工作，"我这个人喜欢直来直去的，像这种要看很多人脸色的工作，我干不了"。

其实，不仅像王老师那样性格爽朗、眼中揉不得沙子的人不愿干校务办公室（以下简称校办）的工作，换了别人也未必愿干。这与这项工作的定位有关，校办主任工作的定位就是不定位，因此校办主任是学校的"不管部长"，即别的部门不管的事这个部门都要管，而且这个工作基本上由不得自己来排工作日程，因为大凡突发性的工作都会布置给校办，而突发性最多的工作就是迎接不定期的检查评比。上级为了让学校证明自己做的工作，都要求各单位拿出材料来，而这些材料多半是在校办主持下突击加班整出来的。

当了一段时间的校办副主任后，王老师执意坚持教语文，她终于又成了普通小学的一名普通语文教师。不过，她毕竟是个闲不住的人，她后来"在全嘉定镇地区做了第一个尝试，一个人教两个班的语文"。每当说起这段经历，王老师显得尤为自信，"当时小学都是一个人教一个班，我教两个，教了以后，校长觉得还不错"。王老师用自己的"体力"和"脑力"做了教双班的实验，后来这被嘉定镇地区所有学校借鉴。"一定省了好多语文教师。"王老师自豪地说。如果全区语文教师因为王老师的"以身试法"从此教双班，我想他们一定不会为王老师当时的创举喝彩的。后来新课程改革，语文课时增加了，而编制并没有随之增加。

王老师缓和了一下语气，说："现在看来在中高年级可行，在低年级是不可能的。还有，那时我40岁了，如果兼班主任的话，肯定也会吃不消，再加上这个班级基础还是不错的。"看来王老师虽自信，但也不会失之狂妄。

就在王老师沉醉于她的双班实验时，老蒋被任命为新小校长。老蒋单枪匹马，急需一个值得信赖的同事一起去开创局面，于是找到了老年级组长王老师，可王老师不答应。凭什么答应老蒋呢？

她哪里舍得离开普通小学，师范毕业后她就一直在这里工作，那时她还是扎着小辫的姑娘,这里的一草一木都带着她的回忆,她愿意"从一而终"。她曾公开说"生是普通小学的人,死是普通小学的鬼"。

在普通小学的二十多年里,她"与各方面关系也还可以",彼此知根知底,人们尊敬她,而她与同事们交往起来也毫无障碍。中小学的内部人际关系普遍比较复杂,越是传统老校窝里斗越严重,越是女教师扎堆的小学越是如此,很少有例外。现在,要她去一所新的学校,这需要她从头开始费心思去经营人际关系,王老师老大不愿意。

普通小学汤雁校长也觉得王老师没必要去新小,在普通小学做普通教师都比在新小做干部强。更何况"草根"出身的王老师从没感觉到做干部是一件让她自在的事。所以,老蒋用干部职位"引诱"王老师就范自然就要碰壁。

一次,王老师抽空到新小的新校址去张望了一下,更是彻底打消了去新小工作的念头。"太没面子了,"王老师说,"过去这里是一片农田啊!"在王老师的概念中,城区与农村的差别很大,她一直教城区的学生,与城区的家长们交往,现在要教农村孩子,王老师觉得有些丢脸,也是可以理解的。

可是,她有一千条不去新小的理由,却也抵不住老蒋的三次"纠缠"。老蒋诚心诚意地去王老师家,前后共三次。校长这么诚恳地"三顾茅庐",王老师自尊心得到极大满足,她被打动了。所以到底凭什么王老师会随老蒋在这片草地里开垦出个学校,不就凭个情字吗?

而且王老师居然当上了教导主任,三个月后又被群众选为工会主席,成为老蒋的工作伙伴。等到学校各项工作上了轨道之后她坚决请辞教导主任一职。

王老师回忆说:"当时(开办时)办公条件非常差,连办公室都没有,讨论工作时,我们这三个人(指王老师、老蒋、顾老师),只能坐在花坛旁边聊。"令王老师欣慰的是,这里的教师来自农村,都很朴实,指令一下去大家都没有什么怨言,都尽力去做。"他们都很支持我,大家都想把学校办好,不会有反对的意见,这给我带来了安慰。"新小的基础就是一所村校,靠着情感的力量,一群人走在了一起。而后,他们开始上路了。

王老师是一个非常朴实的人,之所以会跟着老蒋创业,主要是冲着老蒋的真诚,而且虽然这里有的教师水平不高可是"人都很朴实"。可见,教育行当的从业人员是多么惧怕复杂的人际关系啊。而复杂的人际关系不也是这个行当的从业人员弄出来的吗?

九　学校文化图腾是如何被误读的

新小人以"蔷薇"自喻，我多次听到老蒋和王老师提到蔷薇；在校园里，我见到多处蔷薇的装饰图案。这令我惊奇，因为在我的记忆中，蔷薇喻示着爱情。

蔷薇是一种密集丛生的落叶灌木植物，她有着细长的茎，枝蔓丛生，枝蔓上密生小刺，满枝灿烂的白色或淡红色小花，在溪畔、路旁、园边及地角处，到处都有她的芳香。微雨或朝露过后，花瓣红晕湿透，着实诱人。

很少有别的花像蔷薇这样为人们所熟知和喜爱，是因为她不仅艳丽可赏，而且很显平民本色。她耐阴、耐寒、耐旱、耐瘠薄，树性强健，花繁叶茂，鲜艳夺目，芳香清幽，她不经意间无处不在。

人们将蔷薇看作爱情和爱的思念，将她视为爱恋的起始和誓约。蔷薇之所以与爱情有关，不仅因为她美丽而圣洁，而且与两段爱情故事有关：一段是中国的传说故事，还有一段是外国的童话故事。

中国的传说故事是这样的。

相传很久以前，在浙江天目山下住着一户人家，姑娘名叫蔷薇，父亲早年去世，她和母亲相依为命，艰难度日。邻居青年阿康，为人善良，更乐于助人，常帮助蔷薇砍柴、挑水，日久天长，两人互相爱慕，私订了终身。

有一年，皇帝下旨，选美女进宫，蔷薇被选中。姑娘闻讯，当即昏厥。官吏逼迫，要带人进京。母亲苦苦哀求，才答应推迟两天。好心的乡亲们暗中告诉蔷薇，她可以躲进深山，如官府要人，就说她患急病死了。

谁知此事走漏了风声,贪财的人向官府告了密。县官上奏朝廷,皇上大怒,下令追捕,活着要人,死了要尸。阿康和蔷薇火速进山,奋力逃奔。但步行怎逃得过骑马的追兵。耳闻马蹄声已近,为了不牵累阿康,蔷薇毅然跳下了万丈山崖。阿康悲痛万分,亦随着跳下。追兵搜寻,在山崖下寻到了两具尸体,运回京城。

皇帝见尸,又气又恨,命人浇油烧尸,但烧了一昼夜,尸体却肤色不改,完好无损。又命人举刀碎尸,钢刀却砍不进。皇上恼羞成怒,下令将尸体抛入大海,可尸体却不沉。此时,朝廷上下怨声载道,有胆大之士骂皇上是凶残的昏君。皇帝不敢再继续作孽,命人打捞尸体,将两人合葬于天目山下。

不久,那座新坟上长出一朵美丽的花,花茎上长着许多刺。人们都说这花是蔷薇姑娘所变,花刺乃阿康为保护蔷薇而生,故取名蔷薇。

无独有偶,国外也有一个关于蔷薇的爱情故事,那是一个迷人的童话。

小蔷薇就出生在王子的花园里,从她还是小花苞的时候起,王子就开始无微不至地关怀她照看她。从王子的眼神里,她明白,她的一生都是属于他的。

可是一天夜里,小蔷薇惊奇地发现,在她身旁多了一朵美丽的玫瑰花苞,她如此多姿和独一无二。王子的深情敲开了小玫瑰的花苞,她一瓣一瓣地把自己的美绽放出来,倦怠的花蕊揉着丝一般的花瓣;她微微地笑着,那么从容,那么高雅;她的香味弥散在风中,她的花瓣轻漾着幸福。

敏感的小蔷薇很快发现了他对玫瑰的感情,于是,她很快虚弱下去,夜里都无法安眠了,独自在夜风里哭泣。

直到有一天,小蔷薇的生命就要枯竭了,那天,她幽幽地说:"玫瑰,我要走了。我原来以为他爱的是我,现在我终于明白他的意识里爱着的是你。……我只希望,没有我的日子里,他可以幸福。玫瑰,好好绽放你的美丽,为了王子,也为了我,好吗?"玫瑰哭了:"可是,可是他是你的,你是他的,这还不够吗?他爱的是你啊!……"玫瑰没有说完,因为她看见蔷薇花倒了下去,脸上还带着浅浅的笑容和淡淡的忧郁。

次日,王子来到花园的时候,看到的只是倒下的蔷薇和含着泪水的玫瑰。缓缓地,他对她说:"我的蔷薇,你怎么这么傻,我是你的,你是我的,你应该明白、应该知道的啊!……"

如此美丽动人的故事,新小人未必都知道,他们显然赋予蔷薇别样的含义了。最先将蔷薇作为学校的象征物的,正是"草根"王老师,只是她从未将蔷薇与爱情相连,学校里的其他人也未曾提起。

有一次,王老师在区里参加教导主任会议,会议要求每个学校的教导主任都发言三分钟,发言内容是介绍自己的学校。王老师直犯嘀咕,这三分钟讲什么呢?对于一所新办的小学校,能给大家讲些什么呢?王老师想:"我们学校怎么定位合适呢?新小不就像花坛里的一株小花吗?你说她没作用,好像也有一点儿。"

于是,轮到王老师发言时,她说:"我们学校是一所新学校,地处城乡结合部。我们学校就像花坛中不起眼的小花,能点缀春天。我希望我们学校这株小花能尽量开得茂盛一点儿。"

几天后的一天,阳光特别明媚,王老师和老蒋去探望一名义务献血的教师,忽然发现花园里的蔷薇花真的很茂盛,都伸到墙外来了。于是她像得了神谕似的,兴奋地对老蒋说:"我们学校就是蔷薇花,从来不需要多作打理,只要有阳光就能生长!"此言一出,老蒋的心弦被拨动了,当即深表赞同。新小的精神文化就应该体现蔷薇精神,而这个精神显然与爱情无关。直到后来我给老蒋他们讲述关于蔷薇的爱情故事,他们依然坚持着他们自己对蔷薇的独特理解。

在王老师和老蒋那次"密谋"之后,这个念头在老蒋心里就如那蔷蔷薇花，越开越茂盛，两年后，蔷薇花便盛开在了每个新小教师的心中。

后来，有个文字高手酝酿了一年时间，将蔷薇写成了歌词，另有一个音乐高手将歌词谱成了曲，于是，蔷薇花便由新小的师生们唱出来，那美妙的歌声飘荡在开满蔷薇花的校园里。

再后来，学校制作了蔷薇奖章，奖给那些表现优异的学生，于是，蔷薇成了新小的图腾，老蒋说，蔷薇"成了我们新小小朋友们心中的梦想"。

新小人发现，学校精神都是需要寄托的，寄托在那些美好的事物身上，精神唯有有了附着物，才有生的力量。

新小人发现，那种美好的事物，也许不如玫瑰和牡丹那么耀眼，但因为人类精神的寄托，可以赋予她以意义，就如蔷薇，在爱情之外却也有别的意义。

新小人发现，对那些美好事物的发现有时是偶然的，是自发的，是直觉性的，也许仅仅源于一个小小的念头，可一旦点破却猛然发现她是如此的贴切！

十 城乡有何差别

王老师坚决要求辞去教导主任一职，王老师的继任者是孙丽红老师。

新小开办第二年，这时的新小已经上了正轨，孙丽红老师是从一所乡镇学校调来的。与城里来的王老师看法不同的是，在她眼里，这是一所比乡镇学校更现代的学校，虽然小些。她说："我对新小印象很好，整个校园非常整洁。"此外，令她满意的是，她在新小教两个班的语文兼班主任，这是36人的小班，比原来50人的大班教起来轻松多了。更令她高兴的是，校长老蒋为此还几次打电话向她打招呼，说实在人手不够，只好让她教两个班。孙老师感觉自己还没有到新小，就得到校长如此尊重，这样的感受是美好的。

她接班后发现，两个班的学生"很听话"，他们的"行为习惯也很好"，她更是心满意足了。

作为一个教师，孙丽红对学校的要求其实并不高，中国式的教师大多数是很容易心满意足的。

首先是获得尊重感。其实不仅是教师，哪个人不希望被尊重？在任何场合，被尊重应该成为必需品而非奢侈品，无论在家庭里、在单位还是在社会上。被尊重缘于环境，校园环境整洁，办公设施齐备便捷，便是环境对人尊重。被尊重还缘于管理者的姿态，学校管理者心中记挂着教师，有时仅仅用电话道声辛苦，像孙老师那样质朴的教师心中便会涌起暖流来。

其次是获得可控感。孙老师愿意做毕业班班主任，还教两个班的主课。虽然辛苦些，可她依然觉得游刃有余，因为一切都在她的掌控之中,这令她庆幸。她说:"我和王老师正相反,她从城里到乡下,觉得乡下的孩子怎么怎么不好教,而我从乡下到城乡结合部,觉得比以前好教多了。从内心来讲,我蛮喜欢这些孩子的!"看来,人们对不可控的工作总会感觉不满意。

再次是获得提升感。到新小后,孙老师的机会比之前在农村学校多得多。她担任语文教研组长后做的一件大事,就是带领语文老师们参评嘉定区的青年文明岗。她说:"要答辩的,我担心自己是从乡下出来的,又不会说,估计是评不上的,结果居然成功了。之后的区级活动中,我都蛮乐意表露自己的观点,然后机会也更多了。"在新小,她分明感受到自己在成长,都能如此清楚地见到成长的脚印,听到自己往前赶路的脚步声。

在孙老师的印象中,这所学校,"来来往往的人也比较多",今天来了某某教授,明天来了某某专家,"我们语文组老师都可以认识他们"。外出学习的机会也多,孙老师印象最深的是,在一段时间里每周到上海知名的七色花小学学习一次。再后来,每学期定点去一所名校学习一周,她还曾被派到上海赫赫有名的一师附小(全称"上海市第一师范附属小学")学习一个月。"这样的学习,你想进步会有多快啊!"孙老师说,"当时在村小的时候,那么多年都没有一次这么好的机会,领导没有培养你,自己也没有朝这方向走。"

孙老师反复地在拿新小和村小做比较,越是比较就越庆幸。"在村小里人家也不会来关注你,自己也没有好的机会。等我出来一看,当时和我同时起步的那些人,都有了很大的发展,而我还是停留在原处。"

写到这里,我在想:城乡学校的差异对一名教师的影响居然如此深刻,那到底问题出在哪里?孙老师说:"我现在要是村小的语文组长,只要年轻老师自己愿意,我一定给他们创造机会,肯定起好桥梁作用!"

可是我在狐疑:改变农村教师命运,增强他们的职业满足感,仅靠一个教研组长？一旦某一现实成为一种制度性安排的结果，任由谁都无法真正改变。孙老师质朴得可爱。

孙丽红老师在新小虽然心满意足了，可是并非没有烦心事。"这里的家长比农村的家长难对付，"她说，"农村的家长，我可以把道理讲给他听，而城里的家长有千条理万条理来反驳老师。农村的家长，只要你态度诚恳，只要你的出发点和他是一致的，尽管他火气很大，当你找到这个点，你站在他的角度上时，他马上就会静下来听你的。"

孙老师觉得与农村的家长更好打交道，这是为什么呢？

她认为农村的很多家长头脑简单，没有城里人那么复杂。"他们是走一步看一步的，不像城里的家长把三步以后都想好了。"这显然与受教育程度有关，受教育程度越高，看待问题就越不容易简单化和片面化。与头脑简单的人打交道会更轻松，这是毫无疑问的事。

此外，受教育程度还决定了家长在教师面前的姿态。在农村，相比于农民家长们，教师受教育程度更高些，因此拥有更大的话语权，可以更随意地制定标准，他们在与家长的博弈中更具知识方面的权威性。所以，在农村，家长往往成为教师教育、帮助甚至指责的对象。

而在城里，大部分家长的受教育程度甚至高于小学教师，因此他们敢于挑战教师的权威，至少敢于直面和质疑教师，在一些教师眼中他们显得"不好对付"或"过于挑剔"。在一些国际化的社区，教师对家长的挑剔更为顾忌，在"说理"这件事上是不敢与那些"高智商"的家长交手的。

可是在城区学校，这并不代表家长取得了对教育问题的话语权，而只是家长与学校教师之间更趋于平等。毕竟再不讲理的家长也清楚地知道自家孩子还"捏"在教师手中，所以除了"说理"，一般不会采取其他的"过激"行为。

家长与教师的权力对比所发生的变化，对学校管理层是件好事，因为在城市里，家长成为了教师工作的监督性力量，而学校管理者则可退一步担任仲裁者的角色。所以城区学校往往会主动争取家长的监督，将其作为学校管理的一种有效工具。

在我看来，家长受过教育并不是不容易打交道的主因，这主要是社会形态所发生的变迁造成的。

一些农村还处在"礼俗社会"的阶段。社会的控制主要是通过诸如道德劝说、闲话以及表情、手势等非正式手段来维持的。这些控制手段之所以有效，是因为人们很关心他人对自己的看法。他们并不执意挑战教师的权威，并不全是因为他们缺乏智力，而是不敢挑战习俗和传统，因为放低姿态与教师对话才是普遍认可的习俗和传统，这样的习俗和传统已流传了上千年；他们不仅自己不愿意主动挑战，而且教化自己的孩子不可以顶撞教师，所以，一般来说，农村的孩子见到教师时也比城市的孩子更显恭敬。

相对地，城市已逐步进入"法理社会"。在城市社会中，大多数人相互陌生，人们感觉自己和其他人之间没有什么共同点，他们之间的关系是正式的和"冷漠"的，人的个人权利和隐私是十分重要的，于是，社会控制的手段主要是"法"和"理"。虽然在上海的嘉定区，真正的法理社会并未形成，但家长已开始学会运用"法"和"理"的手段来保护自己和孩子的权益，教师运用传统的温情与道德已不能有效发挥调整关系的作用了。这才是城市家长"难弄"的原因。

学校在与家长的权力博弈中越来越占不到上风，我认为这一局面会维持相当长的时间。那是因为中国的很多学校，就如新小，表面上是一所现代学校，其实还处于"礼俗社会"中，学校内部真正产生控制力的依然是共同情感、做人的道理、相互熟知、对私人生活的干预和关系取向的团结向心力。在这样的学校文化中生存越久，就越缺乏习得"理"和"法"手段的机会，即使是老道的学校高层管理者也不能在与家长的谈判中轻易取胜。在学校成员看来，家长中的"刁民"越来越多了；而在家长眼中，教师实在是"老土"的代名词。

随着社会变迁，一个新的社会结构也随之成型，学校与家长之间温情脉脉的"蜜月期"早已结束，但没有迹象表明学校已为此做好了准备。

在新小，连同老蒋在内的每个人，依然陶醉在农村学校的田园腔调之中。

十一　竞聘上岗何以成为可能

正如大多数学校的中层管理干部的成长轨迹一样，孙丽红从一名普通教师成长为一名教研组长，而后获得机会成为了一名教导主任。在当教师之前，她受过师范教育，而在当教研组长之前她未受过如何当组长的训练，在当教导主任之前也没有一家机构培训过她如何当中层干部。于是，她与别的干部一样都在"黑暗"中摸索了好久。

"我们这些人都是靠自己努力，自生自灭，"她说，"我们以前都没做过（干部），所以没有任何框架和思路，先是大刀阔斧地去做，做对了、找准了是万幸，做不对，调转方向再做。"看来与老蒋一样，管理者们主要还是靠自己朴素的直觉工作的。

学校的管理干部都不是培训合格后再任用的，而是看准了苗子以后再提拔，然后让他们自己在实践中学习。因此，这个学习过程可能相当漫长，甚至还要支付他们过于依赖直觉而犯错误所产生的成本。

这种干部任用的方式在学校已经成为一种传统。一方面是因为我们并没有将教研组长和教导主任看作专业，而只是将其看作教学工作之余的兼职，因而从未形成系统的针对他们的培训方案。另一方面是因为即使有了非常完美的培训方案，这个培训方案多半也是不可信或者是无效的。各类机构为中小学提供了各种各样的培训，但有效性始终值得怀疑，因此与其期待培训出一个好干部，还不如识别出一个好干部的苗子。

孙老师便是被人从一群普通教师中识别出来的、富有潜质的那一个，可不同的是，这个苗子并非由校长选择，而是由一群人共同选择的。在选择教导主任这件事上，老蒋放弃了一部分权力。按理说由校长任命中层干部，这样提起来的干部对校长更忠诚，也更"好用"，可偏偏新小实行了干部岗位竞聘。竞聘其实不是简单意义上的竞选，竞聘保留了一部分校长对中层干部的聘任权，而竞选则意味着校长将中层干部的选择权全部放给了教师或者外部专家。

在新小，要成为教导主任必须顺利通过以下"关口"：先由自己报名，表达自己愿意担任中层干部的意愿；而后候选人参加统一的笔试和口试，经过遴选小组打分后，再由群众打分，在综合专家意见、领导意见和群众意见之后，由校长做出最后的聘任决定。

稀缺资源分配的公正性问题一向是学校掌权者的难题，学校干部岗位是稀缺的，到底把这些岗位配给谁呢？作为校长，他一定是希望任用既忠于自己又能干的人，可现实情况往往是若干候选人之间难分伯仲，于是到底选择谁成了摆在校长面前的一道难题。如果选择了其中一个，被放弃的那些候选人难免受到打击而心灰意冷，校长并不愿意得罪任何人，更何况得罪的往往还是"好人"。有时高层领导班子之间意见不一致，也会导致校长取舍困难，因此校长索性让候选人竞争上岗，校长自己不做主了，让大家做主，通过投票决定，反而省事。

不过，这么做对校长个人的品德和胸怀是个考验，校长要克服对权力的掌控欲，提高对私心的驾驭能力。在这个社会上，很多人崇拜权力，主动将干部选拔权授予他人，这如果不是制度安排的结果就多多少少是校长品德和胸怀的体现了。

其实，放权相比牢牢把权更有智慧，因为在放权的同时也将"责任"放置给了学校中的所有人，即如果大家选的干部不能胜任，责任一定不全在校长。而相比那些被任命的干部，竞聘上岗的干部在工作上往往会显得更积极主动，因为他们至少不得不证明自己足以胜任。"我要干"和"要我干"，区别还是比较显著的。

可是，干部竞聘上岗同样存在着风险，是否会出现无人报名的情况？如果学校人际关系过于复杂，如果学校明显在走下坡路，则人们不愿去做难度大和超出自己能力范围的事，就很有可能出现无人愿意当干部的情况。或者如果学校教师年龄偏大，则教师们当干部的欲望相对就会弱些。

而最有可能导致教师不愿意报名当干部的是选聘程序缺乏公信力，即名义上由竞聘产生而实际上却早已内定，这种"假"选举只会浇灭人们满腔的"政治热情"。

导致"假"选举的很有可能是学校高层管理者对权力失控的顾虑，这样的顾虑不是没有道理的。在高层领导者与教职员工目标完全一致的情况下，任由谁来当中层干部，只要能力强都是可行的。但是学校高层与教职员工之间的目标往往存在差异，如果去除"非理性"因素，即不考虑人际情感、对权威的服从、对学校文化的认同等因素，纯粹从"理性人"的假设出发，我们便会发现很多教职工的目标是"工资最大化和休闲最大化"，换成俗话说就是"多拿点儿钱少干点儿活儿"，因而如果不能有效地管理，则教职员工的目标无法统一到学校目标上来。从这方面考虑的话，学校中层干部的角色不是民意代表，他们的管理行为是出于校长的授意而非教职员工的民意。

在校长与教职员工目标并不总是一致的情况下，为提高工作效率，学校应首先视中层干部为校长的助手和耳目，为防止经中层这一层级而可能引起的"信息扭曲""信息耗损"的现象，高层管理者往往将下属的忠诚看得比他们的能力更重要，这是情理之中的事。而任由教职员工选举中层干部则可能使中层干部忠诚于教职员工，为保持民意基础他们可能取悦于教职员工，这反而会降低学校管理标准。教职员工一般会倾向于选出好人而不是能人去当他们的"头儿"。

由此看来，竞聘上岗制度是实现了公正却因成本较大而可能使效率受损的一项制度安排。而新小之所以顺利地实行了这一制度，是因为老蒋并未放弃她作为校长最终的裁定权。

孙老师是在到新小工作的第二年，报名参加干部竞聘的，她说她之所以报名是因为"想挑战一下自己，尝试一下没有经历过的事也没什么不好"。其实她的这个回答未必代表她的本意，人们为了给自己的失败留有余地，往往会将竞选的动机解释为增加"经历"。人们事实上的动机远比所言说的动机复杂得多。

当时老蒋对她说："我不能告诉你将来机会怎么样，要看你自己，因为任何事情不是我要你做，而是你自己想不想做的问题。"这些话没有吓退她，她报了名，而且势在必得。而后她如愿以偿了，她说："据说我的票数最多，这个东西领导搞得蛮公正的。"事实是，她获得的群众推荐票最多，遴选委员会的打分也最高。

可是，如果有机会让她重新选择，她可能不会参加竞聘，因为事后她切身体会到，这个差事并不如想象中那么好干。她说："做教导主任，牵涉的精力实在太多，我宁愿从学科中去发展自己。"她也知道，上了这条船是下不来的，因为这是她自己选择的，而她正在为自己当初的选择承担责任。两任教导主任，王老师可以说不干就不干的，因为王老师是老蒋当初苦口婆心费尽口舌请来的，而孙丽红是愿者上钩的，这恐怕就是最大的不同。

孙丽红说自己"宁愿从学科中去发展自己"，实际上这个想法有点儿天真，至少现在看来，是不可行的。那是因为，在中小学，一个好教师一般有两条个人发展道路，一条是所谓的"行政"道路，即"做官"，另一条是所谓的"业务"道路，即成为名师。可是成为名师，在缺乏普遍认可的遴选标准的情况下，很多时候不是通过能力就能达到的。因此，一些被称为名师的，其实都是同时"从政"的人，或者说，根本没有什么名师，有的只是业务比较出众的管理干部。从农村学校上来的孙丽红，至少现在是参不透这一点的。

孙丽红将行政和业务当成了两件事，在她看来，这两方面很难兼得。她说，在走上行政道路后才发现，教导主任工作耗费大量的时间，这让她在业务方面毫无长进。

她的言谈中透露出一个价值选择问题，即，个人的专业发展和当干部哪个更为重要。几乎所有教育的从业人员都会公开宣示，当然是个人的专业发展最重要，尤其是那些自命清高的教师，往往以不"做官"为荣。但是，他们所宣示的未必是他们真实的想法，毕竟很少有人如王老师那样执意退回到普通教师职位的。这说明当干部并非毫无吸引力，而走名师道路也绝非那么轻松。可是"得了便宜"的人为什么往往言不由衷呢？我认为这可能与缓解压力有关，当面临较大的压力时，为缓解紧张情绪，人们往往会如此表述。

孙丽红当上了主任，可以肯定的是，当初激发她竞聘的复杂的动机里并没有为了钱这一条。刚当主任时，她比其他教师每个月多拿180元，再后来是400元。2010年绩效工资改革后，她每月比一般的班主任多700元的津贴。她并不在乎钱的事，她说："领导给我多少，就拿多少。"她为教导主任这份工作做出的所有努力，都与金钱所得无关。

可是，教师们却未必这么认为，当孙丽红对外宣示说其实她更愿意当一名普通语文老师时，人们不会认为这是真诚的表达，甚至可能有人认为做干部会有额外的好处。对此，孙丽红是不会向任何人申辩的，因为在整个社会普遍对掌权者充满不信任的时候，申辩是没有意义的。好在在财务公开的新小，孙主任收入的真实性并未受到怀疑。

孙丽红说，幸好她有家里人的支持，否则真的可能不干了。而令孙丽红烦心的事基本上都集中在工作上，工作上的那些烦心事，却不是普通教师所能体会的。

招生显然是每年学校都要遇到的一个大问题，也是孙丽红作为教导主任绕不过去的最大的烦心事。

学校什么都可以没有，唯独不可以没有学生。招生问题几乎困扰着所有的学校，一些学校招生困难，而另一些学校人满为患。招生不足的学校担心门庭冷落惨淡经营，到最后可能被迫关闭或被合并重组，而那些被家长们热捧的品牌学校则往往担心来自各方面的请托和条子不能都给予满足，容易得罪一些不该得罪的人。如果将招生问题比作"病"的话，那么前者是贫困病，而后者则是富贵病。

新小按理说生源很充足，但是学校处在城区边缘，家长往往将孩子送到城区中心地带的知名学校，这就导致新小的贫困病，也导致城区中心的那些学校的富贵病。要治疗这个病，大概有以下几个处方。

1. 新小拥有能与城区中心学校抗衡的实力和品牌。但是短暂的办学历史和不利的地理位置都决定了新小在短期内不可能创造出如此奇迹。因此此方不可能立竿见影。

2. 与城区中心的学校合并，比如，挂牌当地名校，成为知名学校的分校。但这么做其实就是在取消新小，我想新小的干部、教师是不会答应的。学校虽小却也有自己的尊严。（后来，在老蒋离开了新小以后，新小被并入了迎园教育集团，终于没有得以保全）

3. 严格收取择校费。政府已安排每个居民子女入学，如果对此安排不满意可以选择进入其他学校，但要向本校缴纳损失费，向所择学校缴纳择校费。缴纳昂贵的补偿金和择校金可以平抑一部分家长的择校冲动，但这么做显然涉嫌"乱收费"。政府办的学校存在质量不均衡的状况，其过错不在民众，而要民众为此买单显然不近情理。

4. 严格禁止条子生。那些城区中心的品牌学校本来也不欢迎择校生，如果择校生付费，至少他们对学校还有所贡献，可那些凭条子入学的择校生，他们对学校无所贡献却给教师平添工作负担，实在是没有道理。校长手中捏着一大沓子条子，这些条子都出自权贵之手，平民百姓哪有写条的资格？有些权贵将优质学校这一公共资源当成了私有财产，这是择校屡禁不止的根源。

5. 严格禁止官员为子女择校。为支持当地学校均衡化发展，官员在不择校这一点上应为民众做好表率，如有可能应提倡官员子弟进薄弱学校就读。但这是一个妄想，在一些人看来，"有权不用就是浪费了"。

因为上述五个处方没有一个可行，所以类似新小这样的学校即使再努力也还每年患着贫困病。可是，在所有贫困病患者中，新小并非最贫困的一个。因为招生不足，新小开招农村孩子作为生源的补充。比如，原计划招生 160 名，但招生那天只招到 88 个，其他都通过批条子托关系去城区名牌学校报名了。于是，新小也开始招收从其他学区投奔过来的学生。

我问孙主任："你们学区的学生你们可以不放呀？"她说："我们有权力不放他们的，但是一般不会不放，既然对方学校都收了，我们不给的话，情面上是过不去的。"我真想接着追问："为什么情面上会过不去呢？"可是我忍住了，因为新小也在招非本学区的学生，他们也希望那些更可怜的学校看在情面上放人。

孙主任感慨地说："如果每个校长都按政策办事的话，就好办了。"可那些校长敢吗？敢把长官们的条子撕了？

让孙主任最窝火的是，他们还得接收那些被名校退回来的本学区学生。"可悲就可悲在这里，好的（学生）就走掉了，他们（名校）觉得不好的，退回来，我们还必须得收。"显然，孙主任和新小教师的心被刺痛了。

在孙主任看来，那些所谓的名牌学校没什么了不起。"我们的管理和我们的教师一点儿都不比他们差！"孙主任愤愤不平地说。

谈到招生问题，老蒋有些动情地说："做人和做事都要有原则，这么多年混下来了还有什么不明白的！懂教育的都应该明白千教万教教做真人。可话虽这么说，当自己的学校受质量监控和教育局考核的结果都优于抢我们生源的学校，却被一些家长议论'某某学校比你们好'时，当我们学校按政府要求接收符合政策的外地生，却被传言为'民工子弟学校'时，当我们认真做好'学困生'教育，有的学校硬是推荐那些困难学生到我们学区买房，然后他们要求转过来时，我们真的无语了。我们也有牢骚，但是本着教育人的良知，我们只好埋头做我们的事。好在

7年以后我们学校的生源越来越充足。我们相信教育的事,明眼人是看得明白的。"

在孙主任看来,家长们的择校行为是盲目的,他们有了一种固定的想法,"老牌的学校肯定好",这种想法是不对的。

假定这种想法不对,那么什么想法是对的呢?

1. "老牌学校不好,新兴学校很好。"这种想法显然比"老牌的学校肯定好"更不对。

2. 老牌也好,新兴也好,到底好不好要具体考察后才能做出判断。但是家长具备具体考察一所学校的能力和条件吗?因为学校与家长之间信息是不对称的,所以家长能真实了解学校的运行和质量的可能性很小。相对来说,初中和高中有考分和升学率,透过考分和升学率排名,家长至少可以找到评价一所学校的依据,即使这个依据是片面的。但在上海,小学取消考试,更不允许以分数对学校进行排名,这使家长无从获得评价学校的有效信息。于是,追崇老牌学校看似是非理性的,实则是理性的。

新小尽力克服每年招生的被动局面,孙主任反思道:"从自身角度来讲,我们学校平时宣传不够,至少在招生之前没有做宣传工作。"

其实,新小并不是不宣传,他们每年都会派教师到幼儿园去给小朋友们上课,培养他们与新小教师的感情。和其他学校一样,他们会邀请幼儿园小朋友来学校参观,培养他们对新小校园的向往。只是新小守着"蔷薇"的低调文化,每年只在5月份招生季节进行一些集中的宣传。孙主任说:"明年我们一定早点儿开始,我们4月份就去和家长们做沟通。"对如何为学校打广告,如何去营销,如何在"教育市场"上占有更大的份额,孙主任这样优秀教师出身的干部,哪里会干这等剑拔弩张的活儿?故此觉得颇难。

本学区学生外流并不意味着学校生源数量的下降,因为空余的学额马上就被"民工子弟"挤满了。孙主任说:"外地民工子女都想来,这么漂亮的学校，他们当然想要来。"可是孙主任对民工子女入学数量增多很是焦虑。从道理上讲，民工子女也是祖国的花朵，他们也应该受到良好的教育。可现实问题是如果外地民工子女招多了，这会对招收本学区的城区孩子造成负面影响。

孙主任举例说："2003学年第二学期，新成路街道有一所农民工子弟学校被拆掉了，当时有47个孩子，按政策要求这些孩子要到我们学校来就读，有很多本地家长就觉得新成路小学是招外地生的，不是好学校，甚至还要给孩子转学。"

显然，不是教师歧视农民工子弟，而是社会在歧视。在孙主任看来，外地孩子并不比本地孩子差，"我们学校行为习惯差的，成绩最差的，都不是外地生"。可是，新小不得不控制外地生入学，因为他们不愿新小被称为一所农民工子弟学校。或者说，在与社会歧视的对抗中，学校根本就不堪一击。

十二　工作何尝不就是另一种生活

德育主任蔡玲萍的经历与孙丽红相仿，1993年她从安亭师范毕业，到马陆镇中心校教书，直到2000年新小开办时调过来，然后她从大队辅导员升任德育主任职位。与孙主任不同的是，她曾经一度离开新小。

那是2003年，她在30岁的时候，偶然看到街道在公开招聘文化中心干部，与自己的专业比较对口，就想去尝试一下，毕竟这个年龄还可以有梦想和憧憬。于是她去了，可不久她却又回来了。

很多人都说她又回到新小是很明智的，但"我想这和鞋子一样，适不适脚"，自己清楚。在蔡玲萍看来，去文化中心体验过了，与教师工作比较过了，才知道做教师是最适合她的。

在教育这个需要一定的天赋条件的行当中，有许多从业者过得很不好，他们虽然很努力，却始终无法胜任工作，而一个教师一旦不能适应他的工作，那么这份痛苦不仅是他本人的，更是学生的。

一些人具备教师天赋，学校里再难的工作他都能得心应手、应付自如，再难带的班级也能带好。这些天赋能力不是通过培养和训练得来的，因而入错行的教师的"苦难"也许是一辈子的。

入错行的原因有很多，可是说到根源的话，主要有二：一是当初报考师范类学校并非本人自愿，他们的前途命运掌握在成年人手中，而成年人为了确保学校升学成功率，有意忽略学生的未来职业可能性；二是师范教育重书本知识轻实践能力，这使学生在师范学习期间尚不能正确认识自己的天赋条件，从而丧失了纠正的机会。

与老蒋一样，蔡玲萍是学音乐出身的教师，与老蒋不同的是，她没有获得教主课的机会,而又不甘于只是教音乐,于是给了自己一个"跳槽"的机会。而且她转行到街道文化中心去搞群众文化工作,其职业跨度并不大。当时很多人不理解蔡玲萍:既然跨出这一步,怎么又回来了呢?有时候她自己也在反思:"为什么我会回来?"她解释说:"可能我还是觉得学校是一个比较单纯的地方,毕竟教了十年了,对教育还是蛮怀念的。"

有时,人们看似在单位工作,其实是在寻找那属于自己的生活。一种比较单纯的生活,一种值得去怀念的生活,总是令人不忍割舍。所以她回来了,回到属于她的生活。再后来,蔡玲萍就没有再动过转行的念头了。

新小的总务主任老顾管着大家的生活。这是一个好奇心很强的人,据说他上知天文地理,下知鸡毛蒜皮。老蒋说他十分关注"最新的科技和政策",他曾只身一人开车去考察京沪高铁建设,了解工人的工资,他们的老家在什么地方,每个桥墩承重多少,一百年以后如果要拆的话用什么样的方法。

14岁到20岁,老顾在务农,然后在房管所的后勤配送中心做了一年装卸工,后来到玻璃厂做了一年白漆工,再后来到安亭师范求学,再后来他当上了教师。他可以指导工人敲白铁皮,因为他干过;他有能力监督学校基本建设的质量,因为他曾自己盖了一栋楼房。他说他"一直非常看重经历,看重自己动手,只有真正自己动手了,才能体会到哪些方面是真正重要的"。

在教育系统,对外部世界保持如此强烈兴趣的人本来就不多,有如此丰富的个人经历的人更是少之又少,这让他注定成为学校不可替代的宝贝。无疑,他是学校总务后勤管理方面的奇才。他在以自己对生活的理解,塑造着新小人的生活。

老顾最看不过去的就是质量低劣,他抱怨说:"我们校舍造得不结实,还有那些设备,一会儿这个坏了,一会儿那个坏了,多少影响到教学。"

除了一些廉价的易耗品，学校没有采购权，即使是易耗品也要到上级指定的地方去购买，"那些东西又贵又不好用"。政府采购的东西为什么又贵又不好用呢？老顾虽然会抱怨几句，但不会去深究什么，因为总务主任每天和钱打交道，充满风险，倒不如放弃采购权，这样晚上睡得安稳，但"一定会有人睡不安稳的"，凡用到低劣产品的人大概都会这样。

老顾最不放心的倒不是物品的耐用性，他最放不下的是安全，作为学校的大内总管，他总是提心吊胆，"千万别出事"。一大早他就到学校，先查门房，检查一下值班人员是否到岗。然后一头扎进食堂看伙食，有一天他看到案上的猪肉发青了，他的脸顿时也青了。然后他挨个检查天然气炉灶、消毒箱。秋千是一定要常去看看的，"荡来荡去会磨损，滑梯有没有翘起来，一翘起学生就可能受很大的伤害"，他怕学校任何一个设备出故障或使用不当。"安全从来没有小事的。"他说。

他关心的另一类小事就是卫生。在卫生方面，他最关心厕所卫生，每天他都要"视察"几次厕所。"下班前，要再去看一下厕所，"他说，"有的孩子小便撒在外面，保洁没弄干净，等到明天，上面的尿渍就难清理了。"

他的办公室是我所见过的总务主任办公室中最干净的了，他对办公室的卫生标准简直达到了洁癖的地步。而这么一个爱干净的人却可以干掏大粪的活儿。

老顾做的最大的事是负责施工质量监督。2009年暑假，学校体操房大修，七米高的体操房要隔断为上下两层，设计人员按照一般的套路想使用钢筋混凝土来隔层，然后用柱子撑住。他一看就否定了：150吨水泥靠几根柱子撑太悬了！"150吨，150吨啥概念？30卡车啊！开玩笑了！"他说，"校长是女的不懂，设计人员正规的本科出身也不懂。混凝土浇筑需28天养护期，不仅工期来不及赶，而且也会把一楼的木地板全部破坏。"于是，一个从未获得设计方面学历的总务主任，凭着常识和自己造房子时积累的经验，硬是把设计师给否定了，而后凭着他的见识，建议隔层用松木板，4厘米厚的松木板总共是10吨，1平方米100元，相比混凝土，不但重量减轻，成本也大大降低了。

　　人们生活在安宁和舒适的环境里，人们游戏在体操房里，是不会想到老顾的。可是少了老顾，这所学校的每个人可能都会意识到缺了一个非常重要的人物。有些人的存在就如空气，你不会感觉到空气，可一旦断绝，你就意识到它的存在。

　　小蔡和老顾，在新小都找到了自己的位置，干得很舒服，安分守己，与世无争的样子。"其实，人要的真不多。"老蒋感慨地说。其实人要的还是很多的，人要的是自己的生活，要的是全部的生活，那还不够多？

十三 校歌是如何诞生的

　　王威尔是嘉定区教育局发展研究中心主任，很瘦，很精干，看样子还有些"神经质"，很敏感的那种人。他是个诗人，当地小有名气的才子，属于具有典型的诗人气质的那种人。我一直认为他当这个研究中心主任既合适又不合适。合适是因为在"研究中心"，比较自在，空闲的时候比较多，那些经常有不切实际的想法的人，是比较适合任闲职的。不适合是因为，所谓的"研究中心"在一定程度上是给领导起草稿子的秘书部门，教育局领导决定由王威尔来负责起草稿子，是看中了他的笔杆子又好又快，可是领导们不知道王威尔的笔杆子是用来写小说散文这类有情调的东西的。

　　大家都认可王威尔作为一个诗人的才华。于是老蒋让他给新小写一首诗。王威尔对此很乐意，这一方面是因为他把老蒋当成朋友，当然愿意帮朋友一把，另一方面是因为他是诗人，唯有诗人方可诠释诗性的蔷薇。

　　王威尔回忆当时创作的情景，他说："一所新的学校把各地方来的人都捏起来，也不大容易。"他心中的蔷薇花应该具有"顽强、合作、批判、成功"的精神特质，于是，他要把这些精神写出来，写成校歌让大家唱出来。

　　诗人是特别需要灵感的，灵感终于在老蒋给他布置作业一年之后到来了。那次，王威尔带队到崇明岛开课题工作会，就在宾馆里，桌上摆放着宾馆的便笺，诗人的灵感来了。他回忆说："在夜深人静的时候，我脑子里充盈着两首歌，一首是邓丽君的《梅花》，还有一首是容祖儿的《明日恩典》。"就这样有了一首关于蔷薇的诗——《蔷薇神话》。

诗人坚定地认为,即使是小学的校歌,也要有深厚的文化底蕴,要有文学性,一定要让人回味。"所以这里面有些用的是《诗经》里的句子,副歌我用的是泰戈尔的句子,"他说,"尽管他(学生)现在还不懂,今后他会回味的。"

那个夜晚,诗人那带一点儿文学性,带一点儿哲学性,还带有一点儿宗教情思的诗篇终于完稿。老蒋很是喜欢,老蒋的同事们很是喜欢,新小的孩子们也很是喜欢。

蔷薇花呀蔷薇花,灼灼其华,历练醇香。蔷薇花呀蔷薇花,其叶蓁蓁,温情勃发,顽强进取,美丽花朵励志的神话,合作批判,成功花朵感恩的神话。蔷薇花呀蔷薇花,每个生命都无比光华,一花一世界,一叶一神奇,你是我心中美丽的神话!

王威尔后来一发不可收,已为十几所学校写过校歌,而《蔷薇神话》是他的处女作,他梦想着出一本校歌的集子。更令他感觉愉快的是,老天还给他准备了个配曲的人——作曲家易凤林。天赐了一个作曲家与他做搭档,完成他的校歌集子,他心中更有底了。

作曲家易凤林是阴差阳错来到嘉定区的,现在担任嘉定区艺术教育办公室主任,这也是一个养人才的虚职。从音乐学院毕业以后,他一直在搞音乐创作,是中宣部"五个一"工程奖获得者,也算是小有名气。定居上海后,他又一次获得"五个一"工程奖。因此,他的身价颇高,也因此他能在嘉定过上特立独行的生活。在他说话时,我们能感觉到他一个人就是一个世界,如此完满如此自足。

作曲家刚到嘉定时,王威尔与他讨论校歌创作,那时他还不知道什么是校歌。他说:"我从没有写过儿童音乐,也没机会。校歌在我印象中没有一个概念,我们读书的时候没有校歌,就没有那个模式。"后来他才懂得,一首校歌产生的效果可能远远超过一首普通音乐作品产生的效果。"几十年以后当我们回到母校，我们大家都还记得当年一起学习和生活的情景，这可能就是校歌带来的。"如果作曲家中学时代有校歌的话，想必他也不至于每次校友聚会时都只是喝醉酒。不过，他经常喝多酒与他个人遭遇有关，他唯一的孩子早夭，这无疑给他的内心带来了重创。

一开始，他想校歌似乎应该"积极向上，朝气蓬勃，欢快，节奏明快"，估计大多数人都会这么认为。王诗人把关于蔷薇的歌词给他之后，他写了第一稿，是"积极向上的那种，旋律还蛮优美，自己蛮得意的"。可是，却被老蒋给否了。老蒋是音乐教师出身，王诗人对蔷薇花的富有意境的诠释令老蒋无话可说，可对作曲家欢快的曲子，老蒋有话要说。老蒋说要把曲子改为三拍子。三拍子就不一定能产生积极向上的效果，哪有三拍子的校歌？而且儿童歌曲本来就不太会考虑三拍子的。老蒋的意思是不要搞得像少先队队歌那样，她说蔷薇的意境应该是幽淡的、清新的、圣洁的，最好像李叔同的"长亭外，古道边"那样，突出新小的与众不同。作曲家觉得老蒋的想法很奇怪。"三拍子在人们心目中就是华尔兹，非常有舞蹈节奏的，于是我绞尽脑汁考虑整个音乐。"他说。

最后，他再一次把曲子拿了出来，显然这一稿他自己也觉得很满意："好的曲子就是让别人没有一个音可改动的，就是很完美，改他哪个音都不舒服。"老蒋作为委托人，当然也很满意。后来，《蔷薇神话》由上海电视台小荧星艺术团演唱，并被编入"上海少年儿童喜欢的100首歌曲"。

于是，小号的荡气回肠的前奏，强烈的对比，纯洁的吟唱，丰满着《蔷薇神话》。自此，新小有了蔷薇这一学校文化精神象征物，也有了描述蔷薇的诗篇，以及动人的"神曲"。

如今的作曲家易凤林已成为半个教育家。那些未曾涉足教育的人士，他们倒是可能更理解教育的真谛。以下是作曲家易凤林关于教育的名言。

音乐能把人聚到一起,也只有音乐能把学校所有人聚在一起,无论学生,还是教师。

音乐教育必须让学生耳濡目染,让校园时时处处有音乐。

我们的艺术教育已经没方向了,音乐教师一定要设法改变,哪怕只改变一个人。我现在非常热爱教育,一个国家没有了教育,这个国家就完蛋了。

一个从湖南乡下考出来的苦孩子,一个遍尝人间冷暖的作曲家,与诗人一起,与校长和教师们一起,将那小小的蔷薇演化出别样的神姿。

十四　感谢何以成为一种仪式

在新小，每次教师会前都有一个固定的仪式，名为"感谢三分钟"。教师可以在这样的正式场合表达他对任何人的谢意，只要愿意就可以即兴发言。感谢别人对自己的帮助，是一个人起码的礼节，而且是很私人的事，为什么新小要兴师动众地将感谢上升为一个公开的仪式？

一是因为在某种特定场合，公开表达谢意比私下感谢他人会显得更为真诚，更易让人感动。

二是因为这样能更有效地教育员工。对学校高层领导来说，他们一直有教育员工的欲望和冲动，他们习惯性地认为，教师是需要教育的，而领导们教育员工是天经地义的事。一般公众很难理解：身为教师的人怎么还要常常被人教育呢？每周的教师大会一般都会开成领导对教师的教育大会，而让教师们通过感谢别人来进行自我教育似乎是一个不错的办法。

王妍老师曾经成为被感谢的对象。在一个"五一"长假里，王老师逛街时看到一辆流动采血车，她上车献了血。于是，她成为老蒋在教师会上感谢的对象。

老蒋在教师会上郑重地发表了感谢辞，主要感谢她替学校完成了献血指标。虽然说无偿献血是志愿的，但是学校会被卫生部门强令完成献血指标，于是学校就要想方设法鼓动教师去献血。但是，并不是每个教师都热衷于献血，所以鼓动就需要"千方百计"了。有些学校没有办法，只有靠抽签来完成献血任务。

老蒋为什么要特别感谢王老师主动献血的行为呢？首先，当然是因为王老师替学校完成了一个指标，也省去了老蒋苦口婆心的动员。老蒋心里想："要是每个人都像王老师那么抢着献血，那能省多少事啊！"其次，是因为王老师利用"五一"休假期间献血，节后可以准时上班，这样就不必找人代课了。要知道在不少学校，找人代十天的课是学校领导的又一件烦心事。

因为学校有太多献血和代课之类的麻烦事，而很少有人自愿去承担那些吃力不讨好的事，所以教师们就更需要教育了。而王老师的"傻"便成为领导端出来教育大家的优秀事迹。于是，我们便可以知道，学校所宣扬的道德几乎都与牺牲自己的小我来顾全大局有关。

老蒋的高明之处在于她将私人之间的谢意放到学校感谢仪式上来，并赋予学校的精神含义。

中国式的学校传统是主张"集体"的，比如说，集体备课，这是为了统一进度和统一教学内容；比如说，统一测验和考试，统一命题和集体阅卷是为了把控教师的教学质量；比如说，集体学习，全校或全教研组按统一计划组织学习，学习完后按统一要求写学习心得。在新小，一大早全体教职员工按统一要求集体打太极，也就是说某教师不喜欢太极而打少林拳的话会显得很另类。那些注重集体观念的行为，显然更能得到表彰。

将某些平凡的人和事诗意化，从而引发教育从业者的崇高感，也是中国式学校的传统，正是这种精神传统将一个个自然人同化为"无私"的女神。诗意的语言充斥在校园里，弥漫在学校的空气里，也流淌在教师的笔端，以至于教师们可能会暂时忘记了自己的那个小我，从而自己拯救了自己，即使他们并未因为这些美妙的语言而减少工作的负担，他们常常自己被自己感动。

蔡琳萍写道："我感动，那是因为我布置的一个小作业，你们会和爸爸妈妈回家敲碗听音高；我感动，那是因为我的一个动作，你们可以模仿很长时间，回家还做小老师；我感动，那是因为我的每次范唱，你们总是赏我响亮而整齐的掌声……"

唐玉琪写了一篇随笔，她说那是"自己读了会哭的一篇文章"。在这篇随笔中她写道："我只希望凭借自身的努力，用自己那一点儿有限的知识，来为孩子们营造一个无限广阔的学习园地。在这方天地中，他们是快乐的、幸福的、满足的。"

严汇丰说"有一种眼泪是幸福"，她写道："当孩子们把在手工课上完成的'杰作'送给我作礼物，当他们把教室打扫干净，在黑板上写上'教师节快乐'，当他把糖果放在我的手心，当她毕业后在电话中诉说对我的思念、感激……那一刻，幸福的感觉——满满。"

朱逸婷还记得2006年的"三八妇女节"，她站在操场上，"如同向日葵沐浴在阳光里，接受着学校所有孩子的最大声的祝福：'老师，您辛苦啦！''老师，我们爱您！'"她的心便澎湃起来，难以平复，"孩子们的声音如今还萦绕在耳边，久久不能散去。那一刻真的为自己是女性，是教师而骄傲起来。相信除了我们没有人会接受来自六百多个孩子的真心祝福。那是一种来自'心'的祝福，没有掺杂任何功利和适时的诱惑，如此震撼，回味起来格外清冽甘甜。工作、生活时悲时喜，当我义无反顾地走在教师这条不知能否皈依的遥迢的长路上时，我就会想起那天的情景，心中有向日葵无声绽放"。

小学老师在表达情感时，不会那么矜持，肢体动作显然可以使诗意的语言更具人间温度。徐老师的感动来自"校长抱着我高兴地跳起来那次"。

徐老师为解决夫妻分居问题，放弃江苏省常熟市委党校的职位来到新小。她说，党校的职位"是一个令人艳羡的职位"，但是为了家庭，她只好辞职来到嘉定。党校不是真正意义上的学校，大凡不是真正意义上的学校的学校，在其中谋得教职都是"令人艳羡"的。

刚到新小，徐老师的身份是代课老师，一个月的收入不够付儿子幼儿园的费用，而工作却要比在党校时繁重得多。家人都劝她不要干了，可是她坚持了下来，那是因为她感受到了以前在党校未曾感受到的"融洽的氛围"。她努力工作的回报就是转为正式教师。她还清晰地记得3月的一个早晨,校长兴奋得像个孩子一样跑过来抱住她说:"小徐,你终于可以转正了!"然后校长"抱着我跳了起来"。每次,她回想起这一幕,都禁不住热泪盈眶。

杨秀梅与老蒋也有过肢体接触。她刚担任人事干部工作的时候,由于工作经验欠缺,有时会做事不周到或做错事。每当怀着自责而忐忑的心情等待校长的批评时,蒋校长给她的却是一个轻轻的拥抱或者是一次紧紧的握手。她说:"我的天性非常敏感而又极容易自我怀疑,而校长正是用这样一些不经意的方式,呵护着我那原本脆弱易碎的自信心。蒋校长本人可能并不知道她的这些不经意的举动会对我产生如此长久、深远的影响!"

新小的校长和教师为什么愿意帮助别人?我相信新小的那么多帮助行为并没有让施与者感觉痛苦,这并非因为"感谢三分钟"的仪式,并非仅仅因为诗意的语言和肢体表达,而是别的也许更接近人类本能的东西在主宰。如果说新小的员工更乐于助人,那是因为他们之间的交往似乎更接近本能。

首先,从长远来看,帮助行为使施与者和接受者同样受益。人们相互之间不仅交换物质性的商品和金钱,而且还交换社会性的商品——爱、服务、信息等。在这个过程中,人们往往采用"极小极大化"策略,也就是令花费最小化,收益最大化。

王老师看到路边的采血车,难道她不会权衡一下献血的代价吗?她必须付出的代价就是针扎下去的疼痛,她因献血而带来的疲乏以及可能引起的健康风险,她用于恢复体力的时间,这些都是需要她去衡量的代价。她的高贵之处在于,如果不献血,她不会面临惩罚,也没有任何人可以指责她的德性。

她在没有任何指令和胁迫的条件下献血,是因为她不仅衡量了献血和不献血的代价,而且衡量了献血和不献血的收益。她会衡量献血带给她的收益，比如，因帮助他人而产生的愉悦感和崇高感，因主动施与他人帮助而受到格外的夸奖和尊重；她还会衡量不献血的收益，比如节约了时间。

最终，在很短的时间内，王老师凭着本能计算出代价和收益的关系，她显然从心底里认为收益要大于她付出的代价。可是，不是每个人都会得出跟她一致的结论的。也许对一个身体条件原本不是太好的人来说，付出的代价可能太大，代价大于收益时，他不太可能走进采血车；或者，他觉得收益本来就微乎其微，远小于他付出的代价，他也会选择远离采血车。

可幸运的是，王老师比别的人更想获得助人的愉悦感和崇高感，而恰恰在新小凡是助人行为都会受到褒奖和尊重，这两股力量支持她毅然伸出了她的手臂。

如果在一所学校里，人们相互需要和相互吸引，人们从心底里渴望得到赞美和尊重，那么，发生助人行为的概率将会更高。毫无疑问，帮助他人能带给自己"满足感"。即使没有其他外部的报偿，人的内部也会给予自己回报，因为帮助他人，我们会感觉自己很了不起和很有价值。可能正是人类"自私"的基因成就了人类美德。而如果学校赞许帮助行为，甚至不惜以"感谢三分钟"之类的仪式来扩大赞许，这无疑会从外部强化人们的帮助行为。

强化人们的帮助行为的另外一个因素是亲密关系。人际关系越是亲密，人们就越是能与他人感同身受。每个人都会感到痛苦，亲密的人正在遭受痛苦而我们竟然无动于衷，这是不可想象的。那是因为你一旦不去给予帮助，你就无法减轻你因它而产生的痛苦，由此你的内疚感油然而生。

于是，新小的亲密关系使得这里的人们特别容易感受到他人的痛苦，由他人的痛苦唤起的反应越是强烈，则给予别人的帮助也就越多。

于是，新小10年的创业其实质是创造了一种人与人之间的牢不可破的亲密关系。

第二部

创新

一 科研课题是如何开题的

2010年3月的最后一天，在新小召开了一个科研课题开题报告会。新小今年申报了区教育科学研究项目，按照程序必须有三位或三位以上的具有高级职称的人士听取课题组的开题报告，并予以论证。

其实，在普教界，很少听说有开题报告不能通过论证的，也未曾耳闻哪一项结题报告被否决的。这并不意味着中小学的科研水平很高，到了无可挑剔和无法否决的地步。从严格意义上说，中小学校的科研过程和最终结果几乎很少有符合学术规范的，其所谓的研究成果也很少是具有推广价值的。不过说实话，即便那些极符合学术规范的研究也未必具有推广价值。那种认为通过教育科研就能摸索出若干条放之四海而皆准的规律来的想法，从来就是过于天真和幼稚的。在我看来，教育本质上属于经验，其丰富的情境性和实践性显然压倒了科学性，教育所需要的那种理性也仅限于实践的理性。这也可以解释为什么有些学富五车的大教授、博导，即使在教育理论方面可以满腹经纶，在面对学生授课时也可能一筹莫展。

我这么说绝没有贬低专家学者的意思，我只是呈现了一个事实，那就是教育行业中的理论家与实践家之间存在着巨大的鸿沟。理论和实践这两方面都是自恰的和自成一体的，理论的逻辑与实践的逻辑虽然都是逻辑，但后者属于生活，而生活总是不确定的和偶然的。

几乎没有课题被否决，也不说明专家们被"收买"了，因为得到多少好处而昧着良心无意否决不合规范的研究，更不能就此证明普教界存在着普遍的学术腐败。我承认，学术腐败现象确实存在，但对中小学而言，承担课题研究并非学校和教师们的主业，也非义务和职责。就以新小为例，本次课题开题论证结果，虽与学校声誉相关，但与任何参与研究的人员的个人利益毫不相关。据我所知，这一课题开题之后，没有人会得到一分钱的额外收入，他们做课题研究的动机即使不是高尚的，可也绝不猥琐。

学术腐败显然在高校和研究机构更为严重，当一种不当的行为的收益远高于成本，且存在着绝对权力的时候，腐败必然发生并无法有效地遏制。

新小不是科研机构，课题研究并非新小的主业，研究成果大小也与新小没有太大干系，但新小对此却十分重视，显现出对教育科学研究的一派虔诚的态度。这种情况不仅在新小如此，在其他地方的其他学校也是如此。我认为，这些年来教育并没有发生本质上的变化，如果说还有一些变化的话，"科研意识"变强了可能算是其中一个。人们一方面觉得课题研究没有什么用处，另一方面争先恐后地申报课题，这实在是一件很值得玩味的事。

开题会即将开始，新小的小会议室的桌面上摆放着新鲜水果，每人一小盘，整整齐齐，干干净净。水果盘旁边摆放着手提电脑，一人一台，电脑桌面上陈列着与课题相关的文献资料，约有二十万字。专家们尚未坐定，老蒋端来新上市的好茶，小会议室里顿时温暖了起来。

对开题报告进行评审的专家共有三人，他们分别是区教研室的一名教研员，教育局发展研究室主任，还有一个是我。此外，区教师进修学院的一名副院长和区教育局的一名副局长也应邀出席。来的这些人，尤其是区教研室、教师进修学院、教育局的人都被新小的领导们称为"领导"。被尊称为"领导"的，往往手中有权，是坐主席台的，是可以召集开会而令人无法拒绝的。与会的其他人被称为"专家"。

首先是教研室。教研室的全称为"嘉定区教育局教学研究室"，这个部门负责中小学的教学指导，其成员被称为"教研员"。

在中国，教研员是一支特殊的队伍。他们曾经扮演过指导教师应付应试教育的"考研员"的角色，有一部分成员甚至以编写和销售练习册谋财；后来由于形势的变化，他们摇身一变成为新课程改革的领导者。教研员们的主要工作就是抓各个基层学校的业务学习和研究。可是，这支队伍除了在教学方面有些个人经验外，几乎没有几个受过如何指导教师提高业务水平的培训。因为在这方面缺乏专业素养，所以教研员们组织的培训多半效益低下。

新小的一位普通教师告诉我，教研员"最好在培训之前做个调查，分析一下你这个学科，看看你管的这些老师需要受哪些培训，业务上哪方面需要提高，然后有针对性地来培训。现在有的教研员是我想到什么，我就给你，随你们要不要，反正混两个小时就回来，所以培训的作用不大"。

还有一位教师说："有一次参加培训，有一位教研员拿从网上摘抄的东西读一读就结束了。"很多教研员下基层学校组织教研活动，几乎不设什么主题，也不明确想要帮助教师解决哪些问题，只是"来听两节课，泛泛地评一评就完事了；自己摘抄一点儿理论装点一下门面，举的例子也不贴切，大家混过去就算了"。

既然教研员不能赢得一线教师的信任，可教师们为什么还要听从教研员们的呢？那是因为，虽说是研究部门，可教研员们堪称领导，他们手中有权。罗列一下的话，这支人马至少有以下权力：

他们拥有对中小学教师的评价权，他们对教师的指导方式主要是"裁判"，他们热衷于以组织各类竞争性活动来获取和巩固此项权力。

他们拥有对学生学业成绩的监测权，凡区里对学校教学质量的监测都委托他们命题，于是他们本人可能成为一个学科标准。

他们拥有对教师职称的部分评定权，虽说某教师被评为高级职称不是由他们来决定的，但某教师不能被评上则可能是因为他们动用了否决权。

他们手中的隐性权力大于显性权力，他们之所以受到中小学校校长和教师的追捧，是因为几乎没有任何权力去制衡他们，而教研员的终身制则加固了他们的这一绝对权力。

教研室这样的机构可能只有我国才有，人们对这样的机构的评价有好有坏，可谓毁誉参半，但评价基本上都是针对教研员的素质，一些教研员有效地帮助了基层学校，而有一些则在"混日子"。估计混日子而且水平不高的教研员会越来越多，一是因为这支队伍不好管，平时散在基层学校（或索性哪里都没去），他们的业绩到底如何，很难衡量；二是因为没有特别优秀的人员充实进去，一些教学很出色的教师宁愿待在学校里也不愿意去教研室。不过我认为，不应过多讨论教研员的素质和能力，而应该讨论这样的机构有没有继续存在的必要。我们可以做一个"思想实验"，要是取消了教研室，学校的教学工作是更好些还是更差些。我的观点是如果不把希望寄托在少数特别优秀的教研员身上的话，取消教研室反而会更好些。

其次是教师进修学院。从名号上看，教师进修学院是一个教师培训和继续教育的场所，而培训教师不正是学校欢迎的吗？也未必。这主要是因为教师的培训不应该被任何一家机构所垄断。一旦垄断，培训机构就会忘记了自己的服务功能，而转向于谋权和谋利益。其实，现在大多数教师进修学校（院）都已经不直接培训教师了，即使培训教师，也是走过场的培训，培训效益低下，让受训教师心生厌烦。

细细地探究一下，进修学院的名号表示它是教师培训机构，而实际上它却已经演变成了一个综合部门。它可以是教育局的决策咨询部门，也可以是教育研究部门，还可以是关于校长培养计划的执行部门。政府的教育主管部门有大量的"务虚"的事要办，一方面这个部门需要熟练使用"政治"话语，另一方面这个部门还应将"政治"话语转化为教育内部通用的所谓"专业"话语，因此进修学院还负责教育局"笔杆子"的工作，因为常常为教育局起草文件，所以进修学院的高层就更有机会进入地区教育的决策层，从而增强了这个部门的权威性。

在上海，教师进修学院以前叫作"教育学院"，属于高校之列，改名为进修学院之后依然沿袭其科研职能和对中小学的科研指导职能。进修学院在科研方面的权威性不完全来自该机构的学术能力，而主要来自他们的指导权，在区内他们拥有对教育科研过程和结果的终审权。因为大部分教育研究成果本身无法验证，所以中小学教育科研能力就可能是写作方面的一种能力，而写作上的欣赏一向是见仁见智的，因此科研论文终审者的个人喜好或成为写作者揣摩的对象。

教师进修学院又是一个干部的"摇篮"，该机构一般都设"干训"部门，这个部门要负责对中小学中层干部和校级干部的培训，负责对"后备"干部的培训和考察。也就是说，这个地区所有的学校干部都是他们的学生，而在一部分有潜质的"学生"的升迁路上，他们所起的作用可能是助推也可能是阻碍。学校干部大大小小都有权，这些权力的拥有者成为了进修学院的学生，于是进修学院便可以适时地与干部们分享部分权力，这使得这个部门掌握了大量的资源，从而增强了他们的权威性。

如果一群人坐在一起，教师进修学院院长一般是要坐首席或主席台的，那是因为院长的行政级别与当地教育局的局长相当，而高于绝大多数中小学校的校长。

今天代表嘉定区教师进修学院出席新小开题会的是分管科研的副院长于家太。他是山东人，在华东师范大学攻读博士学位时，应聘担任江阴一所中学的校长，后来他的导师推荐他到嘉定联中当校长，他是作为人才被引进到嘉定区的。再后来他到进修学院任了这份闲职，估计有些水土不服吧。在学术方面受过训练的人，在看基层学校的科研项目时，总是很挑剔，他当然也是如此。所以有时候他容易得罪人，太把科研当回事了，难免得罪人的。再后来他被调到督导部门去当督学，之后又应聘去民办学校当校长。在官场、学术界、学校这三个领域游走，我感觉他始终找不到自己的位置。而教育系统内，类似他这样的人才，虽然有水平，可又定不了位，是最值得人同情的。

与会者中的最高领导是主抓教育教学业务的副局长汪未平，按习俗，他可以最后一个到会。如果他晚到了，是没有任何人会流露出任何不满的。大家都知道，领导越是高层就越忙碌，就越是忙些大事，所以高层领导只要出席，即便是迟到了也意味着该领导十分重视了。而如果还能在会议最后发表"重要讲话"，则一定要记载在纸上，长留在心里。

汪副局长没有迟到，而且没有端出官架子拿腔拿调地在会议最后发表永远正确的废话类讲话，我分析下来主要原因是，他是从小学校长的位置上被提拔起来的。从基层学校出来的领导，往往比较谦和，在好些方面都能理解基层的苦衷，他们一般比较通融，不会逼人太甚，因此他们其实最不像官。据我的考察，有些从党务部门转到教育局的最像官，他们往往比较刻板，一是一二是二，平时谨小慎微不敢越雷池一步。比如，有一位教育局长以前是区委组织部干部科科长，他全身都带着官的气息，让校长们很不舒服，他的话句句都对，可就是不知道哪里让人不舒服。还有不少教育局长之前是当乡镇长的，往往有点儿"匪气"，敢作敢为，经常违背规律做事，比较霸道，又比较豪爽，而对专业却不太尊重，也是让校长们不那么舒服的人。

汪副局长显然对这个课题抱有浓厚的兴趣。新小申报的研究课题是关于教师专业发展的。这似乎是当前教育的一个热点问题，汪副局长显然对此有兴趣。

总之，在上述所有领导们阅读了课题报告，也都提出了意见和建议，最终大家都表示赞同后，新小的课题便算是获准开题了。

这个时候，会议桌上的水果基本没有动过。就如同一个仪式终于结束一般，老蒋松了一口气。

二 校本培训可能是一个假命题

教师专业发展成为一个研究的热点，有其内在的一个逻辑链。逻辑的起点是课程改革。

上海 2000 年开始进行第一期课程改革，2010 年开始第二期改革。虽然官方声称改革成效卓著，但民间却颇有些不同的声音，甚至出现一种极端的说法，说课改早就失败了。

我们假设课改已经取得成功，成在哪里呢？成在自上而下的强势推进，以行政力量确保成功。1949 年以来，教育领域内几乎所有的改革都是用"短平快"的方式策动的，这种策动方式下的主流话语是"理解的要执行，不理解的也要执行"。我们习惯于以这样的方式强力推行改革，并对这种方式产生了依赖。而假设课改遭遇失败，败在哪里呢？败也败在行政力量的推进。因为教育管理体制的限制，很少有人会真诚地反思自上而下推动教育改革的方式本身存在的问题。在各国历史上，教育领域内的改革凡试图通过行政力量推进的，无一例外地都遭遇失败。可是，课程改革未达到预想的目标，如果要问责的话，"替罪羊"往往便是不拥有改革话语权的教师。

批评家们会批评教师缺乏课程知识、意识、观念、态度、能力等，官员们也摆出"恨铁不成钢"的架势。于是，教师不够专业便成了个大问题。

新小在开题报告上对此做了"自我检讨"。

我们目前正在实施的新一轮课程改革，从某种意义上说，不仅仅是变革教学内容和方法，而且也是变革人，对教师实施教学的能力是一种挑战。这就要求教师不断提升自己的专业素养和专业技能，具备与时俱进的进取精神、终身学习的能力和学以致用的价值取向。

这番话也许是不经意间写成的套话，但是学校和教师的"自我矮化"已隐入集体无意识，他们甚至写出课程改革"也是变革人（教师）"这样的句子来。可见，教师群体在课程改革方面的主体地位并没有被确立和尊重，而他们也已习惯被批评和指责。

既然教师很不适应课程改革的需要，那如何"变革"他们呢？最直接的方法就是培训。可接着便发现教师培训效益低下，常识告诉我们凡垄断行业所供给的服务绝不会是高效的。于是，教师的发展似乎走到了一条死胡同里。

正在集体焦虑时，又有"先行者"称他们找到了一条教师专业发展的有效途径——校本培训。什么是校本培训？校本培训就是由学校自己来承担对教师培训的责任。如果校本培训被确认为优于师范教育和教师培训机构举办的形形色色的职后培训的话，教师继续不能胜任教课和适应改革需要，打屁股则打学校的，师范院校和教师培训机构则脱掉了干系。

可是校本培训当真有效吗？

校本培训是要学校自己人培训自己人。可自己人当真能培训自己人？看来不行。因为绝大多数学校都缺乏课程教学方面的高手。那些专家型教师在中小学本来就是稀缺资源，尤其是在大部分普通学校里，即使培养出了若干个，不是被提拔去做行政管理了，就是被一些品牌中学挖走了。在普通中小学，名师一定是凤毛麟角的。

即便在学校中有若干高手，他们虽是教学高手却未必是培训高手，他们的专业是学科教学而不是教师培训，也许他们在自己的教学岗位上表现抢眼，可在教会别人方面可能是"弱智"。我们没有理由指责他们教不会别人，因为没人教过他们去怎么教会另一个或另一群成年人。即使是专业的教师培训机构的培训师，也可能缺乏培训方面的专业训练。

再退一步说，假定学校的课程教学高手同时又是培训高手，也难说他们会无私地将自己的心得传递给他人，那是因为他们一般不愿意显露出自己很有能耐的一面。在现有的学校文化背景下，展示个人才华只会为他带来敌意，也相应地带来许多原本不属于他的工作。在那些职责不清的学校，"能者多劳"和"鞭打快牛"是常有的事。更何况同行之间是一种竞争性的关系，即便表面上不承认这种关系的存在，可事实上教师之间保守自己的"核心知识和技术"，彼此之间相互不买账，这些都已成为学校的常态。在这种情况下，让自己人教自己人，或者美其名曰"同伴互助"，往往是低效的，甚至就是在浪费时间。

于是，为实施美妙的校本培训，学校就不得不寻求外援来实施所谓的"专家引领"。可是到哪里去寻找专家呢？别的学校的专家高手们愿意来吗？教研员们愿意来吗？或者他们愿意来的话，他们真有能力引领本校教师？

这时，美国的一条经验跃入我们的眼帘，那就是"教师专业发展学校"。这条经验是说美国一些大学教学专业的教授带着他们的学生，主动到中小学，与中小学教师结成团队一起研究实践中遇到的问题。他们走出了书斋，深入中小学研究那些教师教学中遇到的真问题，这使"师范生"们获益，也使实践中的教师们获益。这样的一种教师专业发展的模式被美国人冠名为"教师专业发展学校"。

于是，这让我们发挥想象力，想象中国的大学教授带着学生到中小学去搞研究，从而促进教师专业发展。但这仅是想象而已，缺乏经济偿付能力的中小学在一些大学教授们眼中毫无吸引力。

于是，我们接着发挥想象力，想象我们挪用一下"教师专业发展学校"的名头，而实际上却不会有任何大学教授带领大学生们造访。其实，这是一个不需要想象就能付诸实施的"好主意"，因为在上海和北京,已经有那么多学校被政府授牌为"教师专业发展学校"了,也许要不了多少年,我们的教师专业发展学校会比美国还多。

新小的课题就是关于如何创建"教师专业发展学校"的,想一想,这个课题之所以会被批准,是因为它的研究价值。价值在哪里呢?推究下来,大凡不需要政府投入一分钱,也不给垄断性培训服务部门添任何麻烦,而且能解决天大的难题的研究,都是有价值的。如果居然做成了或声称做成了,都可以为其他学校提供学习的榜样。

可是,这样的研究有没有可行性?校本培训真的可以促进教师专业发展吗?这样的问题,卷入其中的人,大都不屑于回答。

有了个课题,而且开题报告通过了,仪式搞完了,这就算完成了。

三 教师专业技术职称为什么不可采信

新小的一班人是善良的，我们不能简单地认为，新小做教师专业发展的研究项目是为了取悦领导或者谋取什么利益。他们确实是想解决一些问题的，正如开题报告中所说："学校发展处于'十年之痒'的关口，教师专业化发展遭遇瓶颈，需要寻求突破。"这句话透露了一条真实的信息，即新小创办至今已经十年，经历了从无到有，从有到好的过程，新小似乎不甘心如此这般地过着安稳的日子，他们希望有新的突破，他们渴望创新。这正如我们常常可以见到的教育领域中的诸多创新行为，其本身并无明确的目的，甚至创新的目的就在于创新。

那么从哪里着手创新呢？当然要从最薄弱的地方寻找突破。新小哪里还薄弱着呢？他们自认为是教师的专业能力，于是，他们划定了学校需要突破的领域。可如何才能有效地促进教师专业发展呢？他们认为只有靠自己，让自己人教自己人。可自己人教不了自己人啊，所以他们一头扎进了"教师专业发展学校"这一命题中。

一些学校早在 2006 年就开始创建教师专业发展学校了，新小一点儿都不显得先进和创新，于是，他们在"教师专业发展学校"这个专用名词前加了个限定词——"以合作学习方式"。也就是说，新小的教师专业发展不是为了打造一个个明星教师，而是为了打造一个个明星团队。

新小的打造明星团队的意识在开题报告中写得很明确："单靠几个教师个体的力量支撑一所学校是不行的，需要我们建立机制、形成氛围，共同提高。"让新小教师合作学习，这一条并不难办到，因为"蔷薇"文化支持人们互助。可是，互助行为真能促进专业发展？如果真能促进的话，又如何向别人证明呢？凡是课题研究，要证明实验获得成功，总是要拿出充分的证据来的。

当一所学校试图夸耀自己学校的教师们专业发展的成就时，所呈现的证据主要是有多少人评上高级甚至特级教师，有多少人评上教学能手或学科带头人，有多少人在哪一级的教学比赛中获奖，但这些证据其实都是不足采信的。

首先职称是不足采信的。那是因为高级职称评定虽说是评定专业能力的，但事实上在很大程度上是看一个人的资历。一些教师到快退休的年龄了却一直没能评上高级职称，眼看要影响他的退休工资，为了给他一些安慰，学校便把名额给了他。然后，校长们对那些很有才干的青年教师说，你们以后还有好多机会。有时候，高级职称会评给那些有"突出贡献"的教师，比如，去贫困地区支教的教师，因为没有人或很少有人愿意报名支教，所以上级部门便拿出一些优惠政策来诱导教师去，结果优先评职称也就成为了鼓励人去艰苦地方的一项政策。如果某教师自认为评职称没有竞争力，旁人就会怂恿他去支教，以一年的背井离乡换回高级职称头衔和薪水。这就把严肃的专业评定当成利益交换的筹码，而这一切我们早就见怪不怪了。

每一所学校的高级职称名额都是设定上限的，即使你专业能力很强，可是如果你所在的学校名额用完了，那你就只能排队等候，等到老年教师退休后空出名额你才有机会。于是，即便你有天大的能耐也会与高级职称无缘。

评高级职称是有硬性条件的，比如，必须做满多少年班主任，必须指导过青年教师，必须有若干篇论文在教育杂志上发表；比如，必须通过论文评审；比如，通过计算机和英语考试。但是这些硬性条件可能都与教师的专业能力无关。因为，有时候花钱就可以在教育杂志上发表文章，有的学校会出一笔钱给杂志，为自己学校教师们包几个版面。这算是为教师谋福利的好事，花的反正也是公家的钱，对此几乎没有任何人会有异议。杂志方面更不会有什么异议，很多区县都有自己编辑的教育杂志，全国几千个县估计少说也有2000种，这还不算地级市的、省级的和国家级的，因此这些期刊往往无法通过订阅和销售获得商业利益，于是，有些编辑者乐于贩卖版面，与学校、教师一起实现"共赢"。至于学术规范、学术标准之类的问题，在他们看来根本就不是什么问题。

为通过论文评审，善良的校长会专门请专家来为教师做指导。所谓指导就是将教师的点滴经验包装成像模像样的论文，用一些流行的教育术语来掩饰一下理论方面的不足，在这个方面我们有的是专家。

通过计算机和英语考试也是评聘高级职称的硬性指标。可是，计算机和英语能力与教师的专业能力真有那么大的相关性，以至于不能通过考试的话就不能认定专业职称吗？新小的朱副校长想评高级职称，但被英语拦住了，她对自己的英语没有信心，于是转而报日语来替代，结果她还是担心考不出来，于是弃考。她弃考等于是弃职称了。可是她想不明白的是：即使她日语考得很好，与她现在教小学数学有什么关系呢？

那么，你说这样得来的职称可以作为课题取得成果的证据吗？这样的证据可以采信吗？

不仅职称是不可轻易采信的，而且学校声称的有多少公开课获奖也是不可采信的，因为公开课获奖同样有许多的玄机。首先，一般来说，生源质量高的学校，学生与教师配合比较默契，学生的表演才能与教师相当，而且学生也比较识大体顾大局，因此课堂容易出彩，流畅感比较强，师生互动也挺热闹，这样的课容易给评委们留下深刻的印象，获奖的概率自然就高些；一些学校为了让公开课获奖，举全校之力打磨直到毫无瑕疵；一些学校不惜以重金请专家或评委来手把手地教；还有一些学校甚至在开课时把整个年级的优秀学生汇聚到一个班。凡经过多次彩排的假课，虽然获奖，却玷污了教坛，比舞台上明星们的假唱更令人恶心。而很多学校对此早已习以为常，甚至洋洋自得于获奖，实在是自欺欺人。那么，你说这样的获奖可以作为证据被采信吗？

哪里有需求，哪里就有权力寻租。只要将教师和教师的教学活动分等级，就一定会产生一个巨大的产业。一些产业是公开的和合法的，比如，评聘职称前的论文版面费、指导费、评审费，职称考试的辅导费、报名费、考务费，等等；还有一些产业是地下的和非法的，比如，请客送礼、重金收买，等等；另外一些则伤及教育伦理，论文和公开课造假之类，严重败坏了教育的道德。

其实，如果没有自由和独立的学术氛围，哪里会有真正的教师专业发展？要等到哪一天，教师专业发展的成就才值得采信？而如果关于教师的数据和事务尚且难以采信，那么教育还希望人们相信什么呢？

所以，新小的这个关于教师专业发展的课题一开题，就可以知道这是一项无法被证明成功或失败的研究。但是，不用担心，几乎没有什么课题是不会圆满结题的。

四　教师如何自治

　　新小的开题报告中写道:"传统意义上的行政兼学术权威的管理模式已不能适应现代管理的要求,我们需要理顺行政和学术的关系,建立一种更高效的管理机制,相对客观、公正的评价体系,让教师的专业发展变行政扶持、推动型为自主发展型。"

　　这是一段文绉绉的书面语,把这句话说白了,意思就是,教师本来就会发展的和成长的,现在为什么发展和成长得不那么好,问题不是出在教师身上,而是出在管理者身上,是管理者管得太多,应该让教师自己去管他们的专业上的事,而学校行政管理的主要工作是为师生服务。

　　一向主张无为而治的新小校长老蒋可能比其他人更明白,学校行政力量过于强大,就会伤害到专业领域,学术上的事应该由教师自治。一般而言,学校行政管理往往是科层制的结构,强调的是自上而下的推进,讲求下级服从上级,注重下级对上级负责。这样的管理结构一旦渗入到专业领域,那么在应该追求真理的时候,在应该平等交流、公开讨论的时候,教师却在看他们领导的脸色,在等待领导的指示和最终的"重要讲话"。于是,强大的行政干预窒息了他们原本应该生动活泼的发展。老蒋和新小的管理团队自认为找到了促进教师自主发展的法门,那就是学校行政系统从学术领域内退出,坚决地退出。

　　校长主任们这些"当官的"都退出,让教师们自己谋求发展,行不行呢?他们会更主动地发展吗?几乎所有人都会提出这样的疑问,因为有疑问,所以新小才想到可以设立一个课题来研究研究。事实上,学校行政力量从学术领域内退出是存在风险的，即使在类似新小这样的学校，尽管他们的学校文化已相当成熟，依然存在较大的风险。其实不用发挥多大的想象力，我们就可以知道风险所在，那就是教师们在无人管理的领域开始懈怠，教师们的自觉性也是不可靠的。

为防止可能的风险，还是要"管"，谁来管？那就要发展和扶持由教师自治的学术机构，来填补行政力量退出后留下的空白。于是，新小的学术委员会正式宣告成立。这个由教师构成的委员会共有5名成员，这5名成员都被叫作学术委员，分别代表5个领域的学科。同时宣告的是，这个机构由教师自治。为体现真正的教师自治，这个机构的成员一律不得由行政干部担任，而且这个机构直接向教代会负责。于是，在新小，因为学术委员会的成立，而展开了一场胜败未卜的静悄悄的小学"去行政化"实验。

我参加了一次学术委员会会议，发现新小的学术委员们很迷茫，他们不知道怎么给自己定位，而又没有其他人给他们定位，"刚出生就要走路了"。人们无法给自己准确定位时，往往会处于焦虑之中，这样的焦虑在学术委员会主任龚平身上表现得尤其明显。他的焦虑在于学术委员会不是一个行政机构，它不具备行政方面的职能；学术委员会不是一个民意机构，它不代表教师利益。那么它究竟是个什么机构，又究竟代表谁？龚平说："我们得自己学走路，也没有其他学校做出样子来让我们参考参考，最要命的是我们不会走路，更不知道路在哪里。"

首先，它不是一个行政机构。学术委员会不能对教师发号施令，所有的学术委员都不得由中层以上干部担任，所有的行政干部不得干预学术委员会的事务。其次，它不是一个民意机构。它与工会组织不同，学术委员会的决断不是听取教职员工的意见后做出的，而是依据"学术和技术标准"。学术委员们的焦虑首先是因为不能适应以下两种情况：一是不听从以校长为首的行政力量的驱使，二是不听从教师们的呼声。他们不得不独立做出判断。

可是，委员们自己能做出独立判断吗？他们的顾虑在于：

第一，如果学术委员会的意见与校长等"权贵们"的意见不符，他们会不会受到打击报复？

第二，如果他们的意见不能令教师满意，久而久之，委员会的权威性是否会受到损害？

这些问题可能萦绕在新任委员们的心头，使他们不能释然。

于是，他们虽然被大家选举出来，可是每个人都小心翼翼地怕做错事。学术委员会成立已经半年了，可是他们基本上没有什么动作。因而一项非常大胆的创新，却变成悄无声息的"小动作"。

老蒋和一兵在推行这件事上似乎比较坚决，学校不能都由领导说了算，教师专业发展本来就是教师们自己的事，应该由教师们自己说了算，应该由来自本校的教师"专家们"说了算，将"学术"放权给教师专业机构是铁了心必须做下去的事。可是，学校高层领导者的决心似乎并没有有效缓解委员们的紧张情绪。至少龚平主任还是希望校长们能为他的工作发布明确的指令。

在提出建立学术委员会的时候，学校决策者就下定了放权的决心，或者说决心将学术权与行政权分开，以保障教师的学术权不受行政权的干预。

可是，有一个怎么也绕不过去的问题，那就是：小小的新成路小学有学术吗？在一些教师看来，学术本来就是神乎其神的东西，从来只是与大学和大学教授们有关。小学教师不就是教教书吗？不就是听从"上级"的指令做事并随时准备迎接上级的检查、考核、批评、表扬吗？

在中国，教师的权利意识其实并没有充分觉醒。因此，虽然学术委员会把专业方面的决定权交还给教师，可是他们可能不需要这项权利，又或许他们不会主张权利。

教师们虽然学习过《中华人民共和国教师法》，可是他们没有意识到法律赋予他们的权利事实上没有得到真正的保障。也许他们根本不认为纸面上写着的这些权利会真正属于他们。

比如说，教师应该拥有"进行教育教学活动，开展教育教学改革和实验"的权利，这就是说，教师们可以自由决定怎么教育学生和用什么教学方式从事教学活动，他们可以自己决定是否开展教学改革和实验，以及如何开展教学改革和实验。可事实是，他们教育学生的方式往往不是由他们自己决定的，而是由领导们决定的。一学期内要搞什么教育活动，学校干部们都已经替他们想好了，从活动主题到内容和活动形式，连同时间、地点都安排好了。如果某教师拒绝参加，他会被认为"不服从"和"捣乱"，他在学校里会被认为是在与领导作对，是个异类无疑，不久他就会被孤立起来。

法律上说，教师有"开展教育教学改革和实验"的权利，可是教育教学改革和实验往往是行政力量所策动的和组织实施的，教师们是被要求参加课程改革和教学改革的，一些学校甚至一个地区的教师被要求做某一项指定的改革和实验，他们根本没有说不的权利。于是，那些违背教师意愿的改革和实验不是到头来无疾而终，就是走过场并匆匆宣布成功，轰轰烈烈的一场接着一场的改革和实验成为教师的"灾难"。如果改革和实验不是由教师自发，而是通过自上而下的方式强制推行的，这只会导致教师的不合作和"非暴力"抵抗。很多教师在消极应对上级推动的改革方面的手段是非常多样的，虽然他们在日常工作中什么也不会改，一切都照常进行，但在关键时候，他们都会恰当地呼应他们的领导，在这方面似乎他们不用他人教授。写"假论文"和"假总结"便是其中常用的手段，配合领导们做好公开展示活动，以向更高层的领导们报喜，也非难事。

比如说，教师有"从事科学研究、学术交流，参加专业的学术团体，在学术活动中充分发表意见"的权利，但这又是一项值得怀疑的权利。教师从事科学研究姑且可以算是一项可以落实的权利，因为某教师关起门来做研究本来就与任何人无关，只要他不占用学校资源和不妨碍他人就行；但是从事"学术交流"的权利却是没有保障的，只要他们的观点不被权力部门认可他们就不会得到交流的机会，他们不能随心所欲地在报刊上发表或者说没有报刊会发表他们的文章，也不会有任何一个公开的交流场所允许他们发表言论。即使他们借助网络在私人博客中发表言论，也要掌握尺度，不能突破某些"底线"。于是，为防止被教训，教育界的很多普通教师们索性选择放弃思想和研究，以图过上安稳的日子。

他们常常不能如愿参加学术团体，更不可能自行组织一个学术团体。在中小学教育界，"教育学会"可能是一个最大的学术团体了，这是一个半官方的机构。教育学会每年都要举行一些评奖活动，比如，公开课和论文征集活动等。按理说，凡学术研究都希望可以探寻世界的奥妙从而将人从繁重的劳动中解放出来，可唯独我们的教育研究似乎将一线教师拖入到庞杂的概念堆中，使日常的教育过程变得日益麻烦，甚至麻烦到不着边际。

尽管很多教师对这样的"学术机构"表示失望，他们却不能聚集一群人发起成立一个属于自己的学术组织，因为没有什么部门会审批他们的申请，即使这个组织有远大的抱负，意欲研究教育中的真问题。

比如说，教师有"指导学生的学习和发展，评定学生的品行和学业成绩"的权利，教师虽然可以自由地指导学生学习，却不能按自己的意愿和方式评价学生。在一些学校，教师不能自己给自己教的学生命题来进行测验和考试，因为日常的测验和考试是学校行政的领地。学校行政每到一定的时候自然会组织测验和考试，而且往往采取所谓的"背靠背"命题。也就是由某一个年级的教师命题考另一个年级的学生，而且教师不能监考自己的学生，也不能批改自己学生的试卷。很多教师对此早已习以为常了，而且认为这么做很公正。有些教师的日常教学工作就是揣摩命题者的意图，无论揣摩日常考试命题者的还是揣摩高考中考命题者的，都成了教师的一项基本功。一些地区为了提高"教学质量"，往往由地区统一命题来考学生，于是，教师的评价学生权便在"质量"名义下荡然无存。

比如，教师有"按时获取工资报酬，享受国家规定的福利待遇以及寒暑假期的带薪休假"的权利，但是，教师是无法守着8小时工作制的。他们被要求组织早自习和晚自习；他们需要完成晚上或休息日的家访任务，需要在寒暑假和节假日为学生补课；他们习惯于超时工作却基本没有加班费；他们被要求有"崇高的道德"，而加班不要报偿是美德的表现，否则他们会被认为斤斤计较和自私，就不是热爱教育、热爱学生的好教师。

以上列举的国家法律所规定的教师的基本权利，在现实中并未得到充分的保障。为什么得不到保障？我想这至少与两个因素相关。一是与教育的文化相关，即中小学的共同话语就是无私奉献。如果哪个教师主张自己的权利，哪怕是主张与个人利益无关的"教学自主权"和"学术自由权"，他都不会被这种文化所接受。二是与教师头上有着强大的无所不能的"权力系统"有关。这个系统非常坚韧和执着地将教师视为对立面，干预教师的权利是这个系统得以维持其绝对权威的必要条件。

此外，教师群体并不是一个"觉醒"了的群体。在成为教师之前的受教育过程中，他们往往缺乏被尊重的经验，也缺乏权利方面的启蒙教育。这使他们一方面对自己的权利缺乏意识，浑然不知权利为何物。而他们对自己权利的懵懂，导致了一个更为严重的问题，那就是他们漠视学生的权利，并将此视为天经地义的事。

什么是真正的权利？权利由以下一些要素构成：

权利的第一个要素是利益。中小学教师在长期的灌输之下往往羞于谈论自己的利益，他们从未被告知，在法律上一项权利的成立，就是为了保护他们的某种利益不受来自各方面的侵犯。他们也未必知道侵犯权利和利益的常常是权力系统，因此教师们的"利"便容易被占有。而在传统文化中，主张自己的利益似乎是不那么符合道德的，于是，权力一方便容易打着"无私奉献"的道德旗帜将原本属于教师们的"利"收入囊中。于是，我们可以看到，那些为道德和法律所确证的利益，也被忠厚的羔羊式教师们让渡了。

权利的第二个要素是主张。一种利益若无人提出对它的主张或要求，就不可能成为权利。《中华人民共和国教师法》明文规定的教师权利，没有被教师充分意识到，他们的集体沉默使他们的权利不成为权利。在上千万教师中，一定有若干权利意识强烈的，他们比别的教师更明确地意识到自己受到侵犯或随时处在受侵犯的威胁中，然而他们也不太可能去主张权利，这是因为他们意识到了自己的渺小和不堪一击。教师们往往会选择沉默，除非到了忍无可忍的地步。

权利的第三个要素是资格。教师提出自己的和群体的利益主张是要有资格的，他们的资格有两种：一是道德资格，一是法律资格。现在，教师具有主张权利的法律资格。同时，他们有提出权利要求的道德资格。道德资格，就是一个教师从走上工作岗位开始就已经被法律赋予了若干必要的权利，也只有他们领受了充足的权利，履行教育教学义务和承担必要的责任才成为可能。因此，教师比管理者们更有资格主张自己的权利。

权利的第四个要素是力量。这种力量来自教师的能力，也就是当权利受到侵犯时能通过法律途径主张自己权利的能力。但是，当教师普遍对自己的权利保持淡漠的时候，他们显然缺乏主张权利的力量。我觉得教师队伍的整体知识水平也妨碍了他们的主张。主张自己的权利是需要一定的能力的，不是"耍泼"的能力，而是说理的能力。教育行业内的从业人员，逆来顺受的多，做一天和尚撞一天钟的多，而积极有为的少，想通过努力改变自身命运的少之又少。

权利的第五个要素是自由。在许多场合，自由就是权利的内容。一个教师，他能按照个人意志去行使或放弃教育教学权利就是享有了教育教学的自由。如果教师被强迫去主张或放弃某种利益、要求，这不能说是在享有权利，而是在履行义务。只是履行义务却不知权利为何物的人，他们的眼神往往暗淡无光。

老蒋希望新小的每个教师都是活泼泼的龙。让每个教师都成为一朵灿烂的蔷薇花，这是他们执意要分权成立学术委员会的原因之一。可是，他们也许正在走上一条险途：教师们会如何主张他们的教育教学权利和学术权利？他们会不会滥用他们的权利而将自由变成散漫，最终却只能证明中国的教师只配被"奴役"？

老蒋和管理团队们发现，至少半年来新成立的学术委员会还处在一种手足无措的状态。他们在一次学习会上提出了遇到的两个问题：一是没时间，二是没水平。小会议室里，龚平主任开始产生畏难情绪，渐渐地这种情绪弥散开来。

第一个问题是没有时间。因为限制行政干部加入，学术委员们都是普通的一线教师。他们在教学业务上都是新小的顶梁柱，所以每个人都承担着比一般教师更重的工作负荷。

学术委员会日常履行教学评估、指导和研究之职，这些都是他们在完成本职工作以外的额外任务，而且因为之前从未干过这个在他们看来定位不清的行当，他们颇感疲惫，又迫于行政领导层的压力而陷入欲罢不能的境地。

在这三项职责中，对教师的能力评估是最难的一项。教师的专业能力到底包括哪些？每一项能力又是如何测定的？在这些问题尚未得到清晰解答之前，学术委员会便已宣告成立。

在新小高层领导看来，拿出教师专业能力标准本身就是学术委员会的法定职责。可在听了一学期课之后，学术委员会并未拿出令教师们信服的能力标准。而一个组织的权威性很大程度上来自对标准的确立和执行，学术委员会拿不出学术方面的标准来，这是无论如何都说不过去的。

新小给教师放权,不再过多干预教师的教育教学和学术上的自由,但是必须确保教师不会滥用他们的自由。而衡量他们是否滥用某种自由就应该建立标准,被称为标准,就意味着它们都经受过检验,至少在新小是经得起检验的。这就要排除任何人以自己的权威推行未经检验的某种模式和方法,无论这个人是校长还是名牌教师。假如不能确立标准,任何自由都将沦为无政府主义的混乱。

这就引出学术委员们的第二个问题:"我们能行吗?"

为提高学术委员们在校内的地位,新小为每一位成员增加了特殊津贴,且获得教代会讨论通过。可是,这并没有使委员们轻松,相反他们担心享受到特殊的待遇会增加他们的工作难度。他们不愿意成为教师们"嫉妒"的对象,他们其实和其他普通教师一样在教书,他们怕被其他老师挑剔,待遇方面越是与大家不同,他们越有被挑剔的可能。

为了使学术委员会更具权威性,新小让全校教师推选学术委员。因为是大家推选的,委员们可能更担心得罪"选民",尤其是委员们的任期只有一年,到第二年未被大家选上的话,这也是一件颇为"丢脸"的事。

说到底,委员们底气不足,他们在评估、指导和研究这些事务上明显不够自信;而假如他们还不够有勇气的话,则学术委员会在新小注定是要夭折的。

这里所说的勇气不仅是以"平头百姓"身份行使学术权力的勇气,更重要的是坚持和追求真理的勇气。如果怯懦,即使这些委员们都是"国家级"的专家型教师,依然会败下阵来。

于是,新小的这一创新,在高层管理者那里已经放手,已经证明了他们的勇气。接下来考验的则是教师,新小的教师们是否有同样的勇气来守护这份难得的自由。

新小的学术委员会也许是孤独的,因为委员们很少能得到来自外部的帮助,即使是教研室的教研员们也不能够给他们提供帮助。在嘉定区这个偏远的上海卫星城，找个大学专家来指导也是不易，更何况大学教授们也许并不那么了解中小学，假如他们是在利益驱动下来指导，则他们与中小学教师的隔阂将会更深。于是，新小的学术委员会除了靠自己，别的其他人都是靠不住的。

五　教师是不是一个专业

新小成立学术委员会，其目的是促进教师的专业发展，为教师自主发展扫清障碍，他们认为可以通过赋予教师更多的自主权来达到这一目的。教育工作渴望得到专业的承认由来已久，任何人都可以对教育说三道四、指指点点，其实，这正代表着教育这份工作实在不那么专业。而越是如此，教育界越是渴望获得专业的承认。但是，至少在今天看来，这样的努力并未奏效。

"专业"一词常常用来传达一种对工作正面的评价。假如我们评论某人很"专业"，这无疑是个重重的夸奖。这就意味着他的工作具有一定的不可替代性，专业水平越高，则不可替代性就越强。

在社会学中，"专业"，用来形容一种需要广泛的知识并由一套严密而科学的操守规范约束的工作。因此，要培养一个专业人才自然需要投入很大的成本。从这个角度上看，教师距离专业还很远。虽然教育界人士自己在声称自己的专业，可外界并不认同。

因为专业人士具备广泛的知识，所以他们通常比非专业人士拥有更大的自主权，他们不需要每件事都对上级负责，他们也不需要讨好他们的"顾客"。一般说来，在决定什么对他们的顾客最有利的时候，专业人士本身就是权威。比如，我们将医生和律师看作专业，而开出租车则只是一个职业，这就决定着前者在服务对象面前是权威而后者不是。因此，当教师职业愈来愈走向高度技术化，而未受严格训练的人无法进入并替代他们时，教师的专业地位才可能得到确立。

一个专业人士，因为他享有充分的自主权，他个人才更能体验到满足感。对那些从事流水线工作的人士来说,每天重复性的工作带给他们更多的是厌倦而不是满足感。因此,我们似乎可以将教师职业满足感低下归因于教师专业化程度的不足。

一方面,新小以及所有渴望在学校内去行政化的人士,他们为扩大教师自主权所做的努力客观上能改善教师"被强迫"的境遇;另一方面,我们依然看不到教师为真正达到专业化所做的自我努力,于是,这注定了教师被任何掌权者随意驱使的不良命运。

在中小学将学术权与行政权分开还要顾及一个问题,那就是行政干部们的个人意愿。对一些分管"业务"的干部来说,如果他们可以选择,他们会选择成为好教师而不是好干部。这样的呼声也许是言不由衷的,可在中小学校里也是强烈的。

这一方面是因为学校行政事务太多太繁复太机械,干部们有时候不得不昧着良心去做一些违背自己意愿的事,有时候不得不走在风口浪尖上去处理突发的危机,有时候不得不应付上级布置的而自己根本不认同的事,不得不与自己不那么喜欢的人交往。

另一方面是考虑到自己的个人发展。往往到了一定的年龄,升迁是不太可能了,而且一些学校的干部岗位需要竞争上岗,如果教学业务不行,自己一旦从管理岗位上退下来会毫无出路。因此,干部们不那么愿意放弃自己的业务,而将业务看成自己真正的饭碗。更何况自己业务不行的话,就不能服众,这个"官"也是做不踏实的。

在新小,朱一兵副校长和孙丽红主任就抱着不放弃自己业务的念头,她们都在兼着主课的教学,即使这样会更累一些,她们也不会放弃。每每在行政工作中遇到那些不顺心的事,她们常常会流露出"下去做普通教师"的念头。事实上,2009年的时候,新小就有一位教导处副主任辞去了行政职务下去当普通教师了。

他们在教学上是没有问题的,让他们做班主任也绝不会差,在这方面他们都很自信。令他们头疼的是"科研"。一兵认为,新小最弱的就是教学研究,包括行政干部的研究水平都要提高。可如何提高呢?一兵说:"写论文啊,课题啊,我们觉得做这些事情很累,做研究真的很累。"

新小的教师宁愿上一堂公开课也不愿意写一篇文章。可是必须让教师写文章,因为在许多教育界人士看来,教师必须搞研究;写文章就是科研的一种最重要的方法,衡量一个人的研究水平也主要是看他会不会写文章。当中小学教师说"你真会写文章"时,我们对这句话要做以下解读。

1. 此人研究水平颇高,此人有才能。
2. 此人文笔好于常人,而文笔好与此人文科背景有关。
3. 此人会写文章却未必能上好一堂课。

这就是说,"你真会写文章"含有褒奖的意思,却也包含耐人寻味的其他意思在里面。在中小学教师看来,上好课才是真正的业务。一些文章写得很好,写得天花乱坠的人,他们未必能教学。教师们认为语文教师比别的教师就是更能写东西,所以语文学科的名牌教师显然多于别的学科,而那些有一定名望的"教育家"多是语文教师出身。

一兵是数学教师出身,她会本能地认为自己在写作方面存在缺陷。

不少中小学提出"人人搞研究,人人写课题",虽然谁都知道绝大多数的课题即使写成文章得以发表,也没有多大的价值,但是研究还得搞,课题还得写。这一方面是上级的要求。嘉定区教育局将课题研究纳入学校年终的综合评价指标体系中,哪个学校胆敢不写"文章"呢?另一方面,学校普遍认为让教师写写东西总不会是件坏事。于是,教师被迫每年交文章,至于上交的文章到底有什么用,这些都不是普通教师去思考的问题。

新小一开始也要求教师人人写课题,做专题研究,可能管理层感觉到教师太辛苦了,"有研究能力的教师毕竟只占少数",所以新小只要求骨干教师做课题研究,而且考虑到即使骨干教师写课题报告也很困难,所以新小是"以团队的形式来做课题的",也就是将骨干教师们组织起来集体进行研究,这似乎可以减少教师的工作负担。

可是研究什么呢?当然是要研究教学工作中存在的问题,而且是那些真实的问题,也就是说要将日常工作中感觉最困难的事拿出来研究研究。可是,平时工作中存在一大堆问题,到了真要提炼出来设定课题时,却发现并不容易。一兵认为:"还没有足够的能力去发现问题,然后把它变成一个研究的课题来实施,我觉得这一方面是比较薄弱的。"其实,选题只是课题研究的第一道坎,要完整地进行课题研究真不知道要经历多少道坎。

那是不是学校要成立一个类似"教科室"这样的机构来指导教师的课题研究呢?不少学校设立了这样的机构,其职能是指导教师从事研究工作,可事实上这个机构的内部人员到底自己有没有能力从事研究工作,这本身也是一个问题。于是,学校的若干会写文章的人被安排到这个部门中去,他们的日常工作就是替校长和替学校写文章。这些文章包括计划、总结、校长发言稿等,与其说他们在搞研究,还不如说他们在充当学校一切重要文件的写手。一些好的写手总是能将学校的芝麻绿豆般小事包装成富有视觉冲击力的大事,将年复一年日复一日做的平常事包装成前无古人后无来者的创新大事。

此外,这个部门因为总是给教师布置写作任务而招教师嫌。学校成立一个部门,就意味着教师头上会多个婆婆,哪有婆婆不下指令让媳妇干活儿的呢?

新小没有成立教科室,而是将"教科研工作与教导处统筹在一起"。这主要是因为新小规模太小,没有必要设那么多机构。但不设部门,并不意味着学校会淡化课题研究。在分管领导一兵看来,教师搞科研还是很有必要的。"我感觉,做了课题才会去研究,才会去关注,关注我们学校在发展过程中有哪些问题,有哪些改进。"

中小学界最近流传着"科研兴校"的神话,在20世纪90年代,一些学校在专家支持下搞科研，或者在办学获得一些成功之后找到专家将这些经验提炼出来加以学术化，便成为了"名校"。这方面的传说流传很久，已经成为中小学校长们头脑中根深蒂固的信念：一所学校要成名的话，不搞科研是不行的；一名校长或者一名教师想要成名的话，不搞科研也是过不去的。至于是不是要先把学校搞上去做出个样子来，然后再找专家提炼出几条经验，至于提炼出的那几条经验是原本就有效还是貌似有效，这些似乎都无须加以考证。在教育界，有太多的传说未加考证便口口相传，被传得神乎其神。

一兵认为，让教师做课题研究的第二个原因是，能实现"专家和基层教师的对接，这样的模式是最好的"。这就是说，一旦有了课题，专家才会感兴趣，才会关注新小，也才会来到一线教师们的身边，否则他们想来都没有"借口"。在一兵看来，专家太重要了，"我们不缺实践，我们每天都在实践，我们缺少的是理念，因此我们需要专家来"。

专家们站在一定的高度去理解教育教学活动，将理念传递给教师，然后教师们不折不扣地去执行，去实现他们的理念，至少一兵认为这是帮助教师成长的最好方式。至于教师们自己做课题，"说白了，没有多大的推广价值，全区范围内那么多课题，每年都有很多的推广会，我每次都去，却没有一次记得住哪一个（课题）是值得我们学校学习的，一个都没有"。

师范教育并没有培养教师的研究能力。据孙丽红回忆，安亭师范没有一门课与研究有关。她学的是美术专业，最令她高兴的是周五去镇上写生，那"很有趣"；她印象最深刻的教师是教心理学的那个教师，"他很有趣"。

师范教育给她职业生涯带来的最大帮助：一是让她能写一手好字，当时的安亭师范很强调写字这项教学基本功；二是让她学会即兴说话。她说自己以前从不主动说话，后来做学校推普员的缘故，她不得不学会在众人面前说话，因此她当了教师之后不会怯场。师范教育中印象最深的那些事都不会与研究有关,师范毕业时孙丽红还未满18岁,但是孩子们叫她孙老师。她说:"其实那时还小,几乎不懂。"

傅燕萍是非师范类大学的毕业生,毕业后应聘到新小当教师,这在小学教师队伍中是不多见的。初到新小上班,她的内心带着"不少忐忑和不安",毕竟她不是师范生。

在一个春风和煦的五月,小傅来到新小报到,身份的转换让她有点儿紧张。在第一次与同事的见面会上,她紧张得连做自我介绍都结结巴巴,语无伦次。显然,她并没有做好职业准备,不仅是教书的职业准备,更是与同事相处的职业准备。

一个教师的成功,可能与师范教育或其他的大学教育无关。那是因为师范教育或其他的大学教育并不传递除学科专业以外的知识和技能,即使在师范院校,绝大多数教师都未曾受过"如何教会他人"的训练,而在中小学校,教会别人与自己会是有天壤之别的。于是,大学生毕业后被中小学聘用,基本上是凭着自己的天赋和以前受教育时的经历。小傅的全部教育经历就是在大学求学时曾给中学生做过一段时间的家教,可是家教和学校教育、教中学生和教小学一年级的孩子又有很大的不同。

此外,大学也不会教她如何与同事交往。那些职场上的微妙,只能靠小傅自己一点点儿地去体会了。更要命的是,她一接班就要到36个孩子的家中去访问。一般中小学生刚入学时,都会有班主任上门访问,这已经是学校的一个惯例了。

没有人考证过家访的习惯始于何时,这个习惯已经演变成一种教育的习俗,似乎班主任不上门家访就是工作不负责任的表现。在家长看来,班主任上门是天经地义的事,他们一般都会持欢迎的态度。也没有人验证过家访的好处到底在哪里,反正这是一件无害的事。其实,学校总在做一些无害的和也许无用的事,教师们为此耗尽精力却"无怨无悔"。

然而，刚走上工作岗位的小傅心里还在把自己当成个学生和孩子，现在却要去探访家长，她的不知所措可想而知。即使她想从书本上去查找如何家访，那也是无从找起的，因为没有教育理论家会去实证研究家访的好处，也就更不会有人对教师这样婆婆妈妈的家庭访问提供理论方面的指导。于是，学校每个班主任都有第一次造访陌生人家庭的经验，到后来他们都会变得老练，老练到似乎从来就会一样。

就在惶恐不安的时候，小傅看到了同事们"善意的目光"。如果她当真会在慌乱中寻找别人的目光，而她竟然从目光中读到了"善意"的话，那她当时心里就生起一股"暖暖的细流"就不足为奇了。

可是，目光再善意都无法帮助她克服"第一次"的恐惧，她真的不知道对这群刚从幼儿园走出来的孩子和他们的爸爸妈妈们说些什么。真正给她帮助的"老法师"王老师，带着她一起走了三户人家。她从对这三户人家的访问中获得了宝贵的经验，以及做教师的尊严感，因为她发现家长是不会把她当学生和孩子的。人的一种新身份，其实不仅是他自己赋予的，而且是周围人帮他一起塑造的。此后，小傅就会知道，学生在她面前毕恭毕敬地唤一声"老师"，这才真正帮助她成为一名教师。

开学前一天，她有点儿焦头烂额：摆课桌椅、分书、出黑板报、整理花名册、领直尺、粉笔、塑胶纸、双面胶……"庞大而琐碎"。她以后也会知道，"庞大而琐碎"是一个小学班主任的常态。只是在这第一次，在这手足无措、毫无头绪的时候，是同事戴老师帮了她，而等到她老练了以后该轮到她帮别人。

正式开学的那一天，络绎而来报名的学生和家长在短时间内就把教室和走廊挤得水泄不通，她满耳嘈杂。以后，她就会知道领受嘈杂是一个小学班主任的命。只是第一次领受嘈杂时有范老师、茅老师等人指点了她，将来她也许能指导别人。

就这样，庄老师教会她使用投影仪和播放器；小王老师教她如何备课；副校长朱老师收她为"徒儿"，为她上示范课，听她的随堂课；老王老师教她如何掌控那一个个活蹦乱跳的学生。

小傅感觉到在她的背后默默地站着很多人，奇怪的是这些人似乎从未想过要从她身上获得什么好处。试问：一个新来的员工能给他们什么好处？奇怪的是，每一个帮她的人都没有对她讲理论，他们都只讲些家常话，都是些他们自己的经验，而这些经验却那么管用。

小傅从此应该明白，教书这个行当可能与热心地帮助别人相关，可能与经验相关，而与学历没有太大关系。如果小傅也学会站在别人身后，学会把"无法系统和正规地表述"的奥妙用家常话表述出来，那她就会赢得别人对她的尊重。在这之前，她忠告自己，"绝不负大家的情谊"。

于是，我们看到，一个非师范类的大学毕业生，一个从来不知道教育是个什么专业的年轻人是怎么被她的同事们同化的，至少她的职业生涯一开始就与专家和专业无关。

六　教导处在忙什么

虽然同班同学中有些已经小有成就，但孙丽红觉得"当个小老师也蛮成功的，有一种自豪感。我每教一届，我的学生和家长都喜欢我，多年后远远地看到还能叫我一声孙老师，这就是成就。在学校里找到自己适合的，其实就是成功"。当时班里的班长喜欢搞篆刻，分配到学校当美术老师。校长看到他有篆刻的专长，就给他搭了个平台，让他搞学校的篆刻校本课程。还专门为他开了个全市的现场会，大家对他评价很高。"尽管从官位来说，他只不过是一个小学美术老师，但是他专搞篆刻，他就很有成就。"孙丽红说。

当上教导主任以后，孙主任成了一个忙碌的人。而她忙碌的事务，大多与研究无关。

每个学期开学前，她都要提出教学工作计划，按照教育局的指令和校长室的意图把学校的重要活动安排好、协调好。无非是定好大概时间、主题，落实好负责人，尤其是要结合上级部门和学校目前关注的事务，将其写到计划中。开学第一周，她就要公布教导处的计划，以便教研组长们撰写自己教研组相应的"小计划"。

资料收集和存档工作很重要，至少在孙主任看来，这些琐碎的事可能比起草计划更重要。因为上级要求凡是工作都要"留痕迹"，以备检查工作时陈列。上级检查"绝对不少"，如果你拿不出材料"就没法证明你们做过了"。所以教导处要花费很多的时间、很大的精力做文本资料，资料越齐备越好。

教导处还有一项日常工作，就是如果有教师向教导处请假，就要安排其他教师进课堂上课。每个学期的几次考试，孙主任负责把各个学科的试卷统筹好，并安排好监考和考试时间。

教导处还有一项具体工作，那是与研究搭边的一项工作，就是组织教师开公开课。新小要求每个教师每个学期都要上一节研讨课。开学初，教师自己上报上研讨课的时间。这样，新小除了考试期间外，每周都有研讨课。教师们上研讨课的时间就需要由教导处来协调。因为新小的研讨课分组内现场评课和网上评课，"这就需要跟信息老师沟通，沟通工作一定要做好"。显然，教师开课，教导处的工作主要不是指导而是服务。这些课虽然取名为研讨课，实质上是新小教师轮番向大家展示一下自己的教学能力，多半与研究关系不大。

孙主任每天的工作很繁忙。比如，每个周二，轮到她值班，这一天她可能更忙、更辛苦些。一大早她就要赶到学校，站到校门口迎接学生进校门，还要提醒学生注意文明礼仪和安全事项；中午她站在食堂门口维护学生进餐的秩序；课间她要巡视教学大楼；下午她又会站到校门口看护放学的学生，直到全校师生都回家了她才能走。在周二这天，她还要上她的语文课，参加语文组的教研活动。

教导处工作中有些是计划之外的突发性的事务。例如，某某学校向新小发了邀请函，邀请新小派代表观摩活动，一般是要校领导去的，可校领导很忙走不开的话，就派教导处代表去。这些额外的工作还算好，怕就怕教育局布置突击性任务。

教育局布置的工作真是不少。比如，市里对区里二期课改进行为期一周的检查，这是区里的大事，涉及嘉定区教育在全上海的声誉和地位，当然要广泛动员全区中小学。虽然新小不是主要的备检单位，但是也要为迎接检查做好一切准备，所以，新小在正式检查之前的一个半月就开始做材料了。

再比如说，区里每学期都有"教学新秀"的评比，那是为"市级比赛选人才的"。如果学校有青年教师抓住这样的机会上一个台阶，该有多好！孙主任所谓的好，主要是觉得对学校好，对青年教师自身发展也好。可是青年教师未必领情，学校觉得好的事，他们也许有别的看法。孙主任说，现在的青年教师大多是独生子女，怕吃苦，他们不那么愿意参加区级活动；也可能他们觉得即使参加比赛也得不到奖，所以觉得这种活动没有价值。她说，青年教师应该"像参加奥运会一样，首先要参与"。

在中小学，教育研究几乎都与竞赛和"比武"有关，而与实际的研究往往关系不大。教师们参加上级组织的活动，几乎都是抱着为学校争光或者去拿名次的念头去的，所以事先他们在校内都要经过层层选拔和演练。虽然是一个人出去比赛，可是大家都有责任帮助他，这无形中增加了参赛教师的压力，也让承担组织责任的教导处很是忙碌。

当然，因为现在的教师往往是独生子女，不那么热衷于参加此类活动，而学校总要派出代表"参与"，所以做他们的"思想工作"显然也成为教导处的工作之一。可是教师是"独生子女"的话，他们就比多子女家庭的教师更不愿意谋求个人发展？这方面没有什么确凿的证据能够证明，反正管理层往往习惯于为一些他们无法解释的现象找理由，而人人喊打的独生子女政策是最有可能成为替罪羊的，比如说"懒惰""自私""不听话""不懂规矩""不求上进"等，都可以归结于此。而独生子女教师的"思想工作"应该怎么做，孙丽红没有直说，我的猜想主要还是看面子，即使对方是独生子女，孙丽红这个主任的面子总是要给的。于是，教导主任的工作便有很大一部分是要大家给面子才能做下来的，这也会让孙丽红感觉很累。

组织考试是教导处所有工作的"重中之重"。

没有人喜欢考试，学生不喜欢，教师也不喜欢。因为大家都不喜欢，所以教育主管部门就要组织统一考试。反正，似乎大家不喜欢做的事，却往往是上级领导们认为重要的事，就是要靠行政力量推动去做的。嘉定区每年都要组织小学三年级到五年级的质量调研，然后根据调研结果给每所学校定个分数。实施素质教育之后,"考试"成了教育系统的一个忌词,而"质量调研"便被发明出来作为"考试"的一个美妙的替代词。在一学年中,新小的三、四、五年级一定会被安排一次区里的"质量调研"。成绩好的话,全校有光彩,皆大欢喜;成绩不好的话,虽然谁都不会说什么,家长不会说什么,校长不会说什么,同事们也不会说什么,但其"错误"的严重程度却是任何人都心知肚明的。

新小在全区质量调研中的排名在中上,最好的一次在全区33所小学中排第6名。质量调研之后,学校会对分数进行统计,主要统计合格率和平均分。如果这两项指标都高于区平均,学校则会加发一定数额的奖金。

对质量调研成绩突出的教师,学校会实施奖励,这在新小没有任何异议。可是具体依据哪些指标进行奖励,教师有不同意见。因为区里是按照合格率来给学校排名的,在教代会上大家认为学校也应该依据合格率高低实施奖励。可是新小的高层领导却认为,除了讲合格率,还要看平均分,否则不就成了"60分万岁"了?如果仅仅满足于合格,那怎么行?新小的领导坚定地说:"这样不行,对将来的教育发展不利!"于是,教师的意见没有被采纳。老蒋说:"只抓合格率的话,教师就只关注基础知识,只关注差生。而创新能力的培养在一定程度上会影响考分,而且有创新潜能的人群显然与合格人群是不同的。我坚决反对只看合格率。"

为保证学校在区里的排名不至于不好看,学校对内部的质量监控一刻都不敢放松。新小除了期中和期末考试,还自行组织每月一次的测试,学校可不能打无准备之仗啊!

对一、二年级是否也要参加校内测试,学校管理层存在分歧。按理说,一、二年级根本没有必要参加,可是,如果不参加,一、二年级的教师在"月考核"中与其他年级的教师就缺乏可比性,因为每月的测试成绩排名与每月的考核奖金是挂钩的。所以,学校分配制度显然妨碍了低年级月测试的废止。

那为什么不废止所有年级的月测试呢？孙主任哀叹道："我们也希望取消啊！有什么意思呢，把大家都搞得很累，可是上面区里搞质量调研，所以我们才要时刻绷紧这根弦。"

另外，月测试也能给家长一个交代。按上海市教委的规定，小学生考完试以后不得公开排名。新小也确实不给学生排名，而且学生的《成长手册》上也不登记分数，只打等第，不管是 100 分还是 90 分都是优等。可是家长会给教师压力，他们"根本不愿意看等第，大家都是优良有什么好看的，连进步退步都不知道"。如果学校不向家长公布分数，家长们就会认为学校抓得不紧、不负责任，这会影响学校声誉并最终影响学校招生。

于是，在中国几乎所有的中小学都在考试，而且每个月都在考。不考不行啊！老蒋补充说："在我看来，奖金分配还是次要问题。原先我们在低年级实施过不参加月测试只发基础奖，但的确发现这会造成低年级教师无论工作态度还是教学能力都低于中高年级教师。这至少说明月测试有利于提高教师的工作积极性和工作能力。"

被考试困扰着的教师，希望有人能告诉他们，怎么才能做到既有令人满意的分数，又能让教师和学生们都很快乐。可是没有人能回答这个问题，即使回答，也是以"分数和快乐学习本来也不矛盾呀！"来搪塞一下。

即使不看平均分，光合格率就够折磨教师的。新小对学区内的学生是没有选择权的，因此难免就有些学生与正常孩子相比存在智力上的差异，哪个班级"不幸"摊到一两个，那么这个班的合格率就会很不好看。虽说智力水平低下的学生可以不统计在内，可这是要有证据的。证据就是智商测试成绩，如果智商测试低于 70 分的话，这样的学生就可以不统计在内。但是，哪有家长愿意承认自家孩子智商是低的？一些孩子明显智力上存在问题，可是如果让家长带孩子去做智力方面的测试，那些家长很容易就能拿到证明孩子智力没有问题的诊断报告，于是那些"倒霉"的教师的奖金可能就会泡汤。而更重要的是，他们会因为那一两个孩子老教不好而觉得脸上无光。

孙主任说："现在各方面检测的东西实在太多，除了考试，听课、评价的东西也太多。按理说，某个知识点，如果学生感兴趣，我可以给他们多讲一点儿；如果学生不感兴趣或者他们觉得太难，我可以先放一放以后再讲。可是要完成教学任务啊，有教学进度啊，考试可不管你的进度是赶得上还是赶不上。"

新小的教师们反映，课程改革以后学生的学习难度并没有降下来，有些内容往往一堂课讲不完，于是大家会把希望寄托在课余，尤其教师还要对那些学习能力较差的学生进行补习。新小的教师会在放学前对每个班的四五个跟不上进度的学生进行额外的辅导，而且是免费的。新小的教师从来也没有想到过向这些学生收费，也不会向学校提出增加津贴的要求，因为他们认为那是应该的。虽说心中对那些跟不上"大部队"的学生有怨气，可是至少在孩子们面前他们没有抱怨。

最让教师头疼的倒不是智力水平低下的学生，而是那些智力完全没有问题但心理上存在问题的学生和那些学习习惯、行为习惯差的学生，在这些特殊的孩子身上，教师们耗费了太多的精力，可是效果却不好。孙主任说："病根在他们的家长身上，每个年级总有那么两三个学生，他们的家庭教育很成问题，父母不管或者管教方式很不科学。如果中途转来一个差的学生，大家都不愿意接。""除非是有人介绍，不好推辞，否则只有干部带头接下了。"孙主任沮丧地说："谁让我是教导主任呢？"或者就找那些平时跟自己关系不错的教师，去找他们商量，请他们看在自己的分儿上接一下。"一年级分班的时候分到这样一个差生也就认了，可中途接手一个明摆着不会合格的学生，你说谁会乐意呢？"孙主任说。

有的差生是民办学校退下来的。民办学校有权在招生时挑好学生，而如果有个别学生后来跟不上，影响到学校的考试成绩和声誉，他们就退学生，有些民办学校常常靠退学生来保持好看的合格率和平均分。新小作为公办学校则承担着接收这些淘汰下来的差生的义务。这让新小的教师怎么也想不明白：这个世道就是这么不公平？但是也只能忍了，老蒋叹气说："不接收的话，摸自己的良心，是过不去的。"可是良心与利益有时候刚好成反比，越是讲良心，就越是损利益。接收了"教不会"的孩子，眼看着质量调研的成绩下降，成绩下降的话，教育局给新小的年终考核分会下降，下发给学校的奖金就会减少。于是，不公平的利益分配机制，总会泯灭人的良心。而新小要是良心还未被泯灭的话，也只是特例而已。

  小学不要差生，中学就更不要了。一个从新小升入中学的孩子，有一天回学校来看老师，老师们奇怪，上课的时间，学生怎么就有空来看老师？原来那孩子因为调皮，学习成绩也不行，就被中学劝退了。于是，15岁他就在网吧打工赚钱，每个月才赚500元。那孩子在新小读书时就是个捣蛋鬼，一共才20间教室，就被他踢坏了9扇门。可就是这样的孩子，新小的老师们也没有放弃他。毕业的时候他已经被"调教"得不错了，可他还是被中学放弃了。因为中学有着比小学沉重得多的考试压力，如果让他继续读就会影响学校的声誉，因为他在教室里别的孩子就没法专心学习。"驱逐"他，有无数条理由。

  有时候有些所谓的"创新"是违背良知的，比如放弃差生。

七　德育处在忙什么

新小如同别的学校一样,德育处这个部门的定位有些模糊,它与其他部门的边界不是非常清晰。

在大多数学校,这个部门被称为"政教处",但似乎又不能被称为"政治教育处",事实上他们并不总是在进行政治教育。可是称"德育处"也不妥当,这个部门主要管理班主任。可是,学生的道德教育是每个任课老师的责任,而不仅仅是班主任的工作,所以道德教育似乎也不应专属于德育处。

其实,这个部门应该叫作"训导处",他们要管那些其他人管不了的特别调皮的学生;又应该叫作"班主任管理处",他们负责给班主任布置工作和班主任培训学习事宜;又应该叫作"执法队",他们负责维持学校的秩序,为教学工作保驾护航;又应该叫作"活动企划部",他们负责与学生相关的大大小小的活动的组织工作;又应该叫作"对外联络部",他们负责与家长和社区的联络工作;又应该叫作"突发事件处理指挥部",他们负责学生安全方面的事务。总而言之,这是一个"不管部",也就是别的部门不管的事务都归他们管。

他们常常会遇到一些棘手的问题,每一个问题可能都是个案,往往寻找不到合适的解决方案。因此,在他们所涉及的事务中,绝大多数都与专业无关。

比如,某个周五放学,两个孩子闹着玩,一个将另外一个的两个牙齿磕掉了。这个部门迅速地按照伤害事故处理流程做了处理,而且上报了教育局,通报了保险公司(注:上海市教委统一为各校购买了校方责任险。也就是说,校方如果有责任,由保险公司赔偿;如果学校没有责任,则不必赔偿)。可是,当事人的家长却不吃这一套,他们不会按照这些程序走。于是,这个部门的麻烦就来了。

老蒋说:"在这一事件中,学校没有什么责任,最多承担10%的管理责任,这毕竟是放学时发生的事。可是,家长却盯上学校了,死活要由学校赔偿。学校被缠不过,无奈之下,为息事宁人只得同意承担三分之一的费用。可家长还不满足,提出高额的护理费和误工费补偿要求,而且治疗费用奇高,这些完全不符合法律的规定。可家长完全不理这一套,学校请教育局负责法律援助方面的主任与家长谈判,家长不愿意,说'你们总是官官相护的';让他咨询律师他也不愿意,总之家长'死缠烂打'地非要学校出那笔钱。"

德育处蔡主任介绍说:"还有一次,学校组织学生到浏河学生营地活动。营地里有一排活动绳梯,一个孩子调皮,爬到绳梯上荡。边上两个女同学提醒他这么做很危险,而且旁边有块很大的告示牌告知孩子们该如何正确使用绳索,结果这个孩子跳了下来导致粉碎性骨折。家长一开始很客气,说孩子调皮给学校添麻烦了。可过两天家长来闹了,因为他单位同事怂恿他要求学校补偿。一个五年级的孩子完全可以听懂别人的劝阻,完全能读懂营地的告示牌,学校哪有什么责任?考虑到孩子的家长是农民工,家庭条件不宽裕,学校决定协调营地补偿他们三分之一的费用,组织活动的学联公司也承担三分之一,家长挺满意地走了。可没多久家长又来了,变本加厉地提出了更高的补偿要求,理由是'反正你们是国家单位'。"

朱一兵副校长刚调任新小时,担任分管德育的副校长。在她的领导下,新小在区里的德育年度考评中得了满分。可她并不高兴,她说"德育不是这样做的,其实我有很多地方做错了"。

为什么在考评中得了满分,一兵却反而认为是错的呢?她说:"如果活动搞得好,汇报文章写得好,如果把这些活动作为重点来抓,抓好后把它放大,给人留下印象深刻,这对提高分数有好处。"

另外,想得高分和满分"就得顺着主旋律走",上面提倡什么宣扬什么,搞德育的人一定要敏感,否则你就是"多做多错"。活动之后的资料展示也很重要,活动搞得再好,可是总结得不好,表述得不精彩,照样要失分。

"但是这么做到底对学生有多大益处呢?"一兵说,"德育应该落实在课程教学中,德育应该静悄悄地做,哪能这么轰轰烈烈地搞?"德育需要静下心来细细地、慢慢地做,可现在不存在这样的环境,大家都像赶集一样,停不下匆匆的脚步。德育的浮躁,甚至比狠抓分数和升学的教学还要严重。

一兵说,上级根本不应该设德育科这个部门,一设这个部门就要给学校布置工作,一布置工作就是搞活动,一搞活动就要评比,一评比就要弄分数,这导致基层学校静不下心来搞真正的德育。学校也不应该设德育处,一设德育处就没有人去做德育渗透的事,你把德育从教学中分开就是告诉大家教导处就是抓分数的部门,德育处就是搞活动的,这样人为地把德育从其他活动中割裂,德育就少了一个最重要的载体——课堂。

一兵接着说,现在上面经常会发通知,消防日、火灾日,等等,然后就要求学校搞活动,搞完活动后还要写个反馈上去。她以前就做这个事情,天天在做这个事情,做到最后每天发牢骚。按理说做德育的人是很幸福的,可做了活动以后她觉得自己心态非常不好,总问自己为什么要搞这些活动,认为其实没有必要。

在一兵看来,"上面对学校的要求,是恨不得把这件事情一做到底,但是这样往往效果很差"。教育是有个过程的,不是一蹴而就的。就以消防教育为例,"小学做到什么程度,初中做到什么程度,高中做到什么程度,应该有所区分。可现在我们对小学生和高中生的要求是一样的,这哪会有什么效果"。

可是,中小学德育就必须这么做下去,而且还要时时创新着做,于是,我们再次看到创新与人格之间的那种此消彼长的关系。

八 教师怎么会这么忙

新小的教师不那么乐意参与科研和创新活动,这些活动除了不能解决真实问题以外,还费时间,他们太忙了。

在新小,有时连最基本的备课组活动都不能得到时间上的保证。在新小领导们看来,真正有效的研究应该是在备课组活动中完成的。所谓备课组,就是由同一年级教同一门学科的教师组成的小组,教师们在一起集体备课,随意地交换意见,这往往能解决一些实际问题。所以备课组为新小领导们所看重。但是,要把同一个年级同一门学科的教师凑在一起不是一件容易的事。

新小的教师课排得很满,因为自"二期"课改后,周课时较过去增加了,但编制数还是参照"九三编制",学校普遍感觉教师工作量大。他们要到区里参加指定的培训,每5年要完成240个课时的培训任务;他们要参加两周一次的由区教研室组织的教研活动,参加两周一次的校际(片区)教研活动,参加每周一次的校内教研组活动;他们每周要参加全体教职工大会,班主任还要参加每月一次的班主任会议,教研组长还要参加每月一次的教研组长联席会议,行政干部要出席的各种会议就更多。有时备课组的学习或者会议虽然早就定下时间了,也经常会被更重要的事干扰。比如,某位教师被领导找去布置工作或谈话;比如,家长来找;比如,班级出了些意外要去处理;等等。所以,虽然教导处排课表时已经为每个备课组设定了集体备课的时间,但是执行下来却总是不能如意。孙丽红说:"能有一半时间得到保证就已经蛮好了!"

即使其他任何会议都为备课组活动让位,活动的效率也未必高。那是因为备课组内成员的关系如果不和谐，相互间有意见和隔阂，或者大家抱着私心不将自己的经验拿出来共享，那么备课组活动的效率是高不到哪里去的。所以，在中小学，虽然有形式上的教研活动和备课组活动，但事实上并不能发挥所设想的作用。这种情况在教师间竞争激烈的学校尤为显著。同一个年级同一个学科教师间的竞争往往是最直接的，除非教师有比较高的精神境界能超越自我，除非不相互比较考试成绩，否则备课组活动得以高效地开展只是非典型特例而非常态。

说到底，教学是教师个人的事，备课组活动和教研组活动搞得再频繁也不能代替一个教师独立地工作和思考，什么都无法替代教师的个人经验在教学中的作用，那些别人的经验，尤其是那些被传得神乎其神的经验，都只是别人的。

孙丽红说："真的不知道哪里来那么多事情，有时候很累，回到家里，想想一天做了什么，发现其实真的没有做什么。"

九　课程改革与考试成绩为什么会有冲突

在课程改革面前，再有经验的教师都会变得毫无优势可言。

一兵回忆说："教师们适应一期课改花了五年。一期课改在知识内容上有一个清晰的脉络，便于教师去把握，教一轮五年，教师对一期课改的流程能大致把握。"可是二期课改却不同，上海第二期课程改革至今已经快十年了，这几年教下来，这几年培训下来，"我们的老教师反而不能适应，那些毫无经验的新教师却能很快地适应"。此外，一兵分析说，二期课改要求教学生活化，要与学生的生活相联系，这些都成了老教师的弱项。所以在理念上老教师要比新教师转变得慢。因此，经验在课改面前似乎成了累赘。

但经验显然对学生的考试成绩是有利的。"那些青年教师善于进行师生互动，注重同桌学习和同伴互动学习，他们能在课堂上与孩子们进行平等的讨论和交谈，然后引导学生得出某个结论。而一些老教师注重知识结论，他们不习惯引导学生自己去探索，课后布置了很多作业。"一兵说，"可是考下来呢？老教师所教班级考得更好。有的老教师，他教的班级考得非常好，但是去观察他，你会发现他占用时间，他剥削了学生和其他老师的时间，他早上也进去，中午也进去，放学后也进去，其他学科就没时间了。"

可是现在区里对合格率进行排名，你教得再好，可是考不好的话，有什么用呢？新小的教师除了有区里质量监控排名的压力，还有嘉定区对教师实行"末位淘汰制"的压力。如果教师不能胜任，考核下来连续两年排新小的最后一名，他就会被要求转岗甚至下岗。而如何证明自己能胜任呢？最有说服力的还是学生的考试成绩。

末位淘汰制引起了教师的心理恐慌，他们怕被转岗和下岗。在新小教师看来，一旦离开教学岗位，便"什么也没了，前几十年的教学生涯白白浪费了，精神和经济压力就更大了"。

这么看来，问题不是出在课程改革上，而是出在评价上。一兵说，以数学为例，好多学校都反映说数学很薄弱，为什么说数学薄弱呢？因为区里来的试卷难度太大，在语数英三门课里面数学的平均分是最低的，几年考下来都是这样。这个评价我们也无法改变。因为数学考题偏难，所以学校就要给数学加码，你不加时间加量，别的学校在加，参加区里统一考试肯定是要考砸的。

而"加时间和加量"总是有限度的，上海在减轻学生负担方面有一系列严格的规定，这限制了教师给学生的无限加码。但是，规定再严格，加码的民间冲动总是作为潜流无法真正被杜绝。

在教育界一直存在着"劣币驱逐良币"的现象。"劣币驱逐良币"是经济学中的一个著名定律。该定律是对这样一种历史现象的归纳：在铸币时代，那些低于法定重量或者成色低的铸币——"劣币"进入流通领域之后，人们就倾向于将那些足值货币——"良币"收藏起来。最后，良币将被驱逐，市场上流通的就只剩下劣币了。

在教育活动中，那些守着新课程理念的教师和学校，他们可能会很失败，相反，那些通过延长劳动时间和增加劳动强度来提高学生学业成绩的教师与学校可能会受到鼓励。

这就如市民乘坐地铁，规规矩矩排队的人可能会被挤得东倒西歪，几趟车也上不去，而不守秩序的人倒常常能够捷足先登，争得座位或抢得时间。最后，遵守秩序排队上车的人越来越少，车辆一来，众人都争先恐后，搞得每次乘车如同打仗，苦不堪言。

为确保在不加码的情况下提高学生学业成绩，唯一的办法就是挖掘课堂40分钟的潜力，于是"有效课堂"成为当今中小学界最热门的一个词。走在教育改革前沿的上海不例外，上海嘉定区不例外，嘉定区的新小也不例外。

而提高有效性，大致的办法就是抓好教师教学的每个环节的基本规范，这显然对一堂课的目标达成度有益。而一堂课的目标与考试目标有关，可是考试便于检测知识和能力，却很难检测过程和方法、情感态度与价值观，这就可能使课堂教学因为强调有效而被简化。对教师来说，有效就是有效率，就是快。

为防止出现教师追求"快"而简化教学的现象，新小注重对"师生关系"的检测，即参考学生对教师的满意程度。可是这么做显然不能帮助教师提高学生的学业成绩。一兵说，教师对学生的关注度高，师生关系好，这些都和卷面上的成绩没有多大的关联。

看来，考试妨碍了教育回归其本来。可如果取消考试，有没有把握去实现课改目标？

一兵说："我觉得如果不考试，我们可能会从心理上解放自己，但是行为上还是不会改变，只是中午不会进教室去给成绩差的孩子做辅导了，可能没有人愿意用业余的时间去做这个。所以考试还是要考的。"

嘉定区教育局分管小学的汪副局长也持这个观点。他私下里说，对一些基础差的孩子，必须借助外力来帮助他们完成学业。在取消留级的情况下，每个班级都有基础差的学生，随着年级的升高，基础差的学生似乎越来越多。不考试的话有多少教师会那样为这些孩子做辅导呢？可一旦考试，考试带来的一切弊端就都显现出来了。

于是，在新小，在嘉定，在上海，在中国，人们在困惑之中，根本无力自拔。而这一切都不是那些口号、官样文章和论文所能解决的。

十　如何面对教不会的学生

确实有教不会的学生,正是这些学生在体力上和精神上双重困扰着教师。即使可以教会这些学生,也需要花费巨大的时间成本,只能利用业余时间。迄今为止,还没有一项研究可以指导教师在大班级授课制条件下,照顾到每一个存在显著差异的学生,尤其是使基础差的学生达到平均水平。

老蒋说:"按照现在的学籍管理要求,学生的学科合格率只要达到95%就可以了,三年一次的督导也是这么要求的,我们也认为这样是合理的。这考虑到了学生现实的差异性,所以学校一开始发放质量监控奖的时候也参照了这项标准。但是局里每年对学校的考核都不是这么要求的,而是排名,我们也就只能变更原来的方案。"

一些教育局领导在各种场合都说不按考试分数给学校排名,可是暗地里谁都知道,领导们很看重排名,不仅年终考核要根据分数排名,而且落后的学校校长可能要被领导"约谈"。辛辛苦苦一年忙下来,即使其他工作都做得很好,只要成绩落后了,就都白干了。

那区教育局为什么会出尔反尔呢?那是因为区与区之间是要比中考和高考成绩的,所以,对不起,就得从小学抓起。即使没有证据表明抓小学的所谓质量监控能提高高考水平,可是抓了就没有责任了。我们的一些官员的基本逻辑其实是不犯错就可以了,而不是真正有利于学生。

于是,一些学校的应对之策主要就是"对付"差生,以提高统测成绩。按理说,对那些跟不上平均水平的学生,应该给他们更充足的时间来补充学习;对那些远离平均水平的学生,则应该让他们重新学习。前者是补课，后者是留级。老蒋说："按督导有关规定留级率除五年级外可以控制在1%，但是教育局教育科的新要求是一、二年级不予留级。"

现在，补课时间受到了限制，而留级根本是不可能的事了。上级规定义务教育阶段的学生不得留级。一兵认为这样的规定是"很荒唐的，违反了自然规律"。前面的东西没有学好就升级的话，后面怎么学？学到最后一塌糊涂，学生自己没有信心了，教师也没有信心了，学习只能越来越差，到最后放弃，是自我放弃，也是被放弃。

上级做出这样的规定似乎也有道理。从大的理念上讲，教育应该帮助每个学生发展，不应该放弃任何一个学生，如果允许留级，有的教师可能会轻易放弃学生；从小的操作层面上讲，如果允许留级，那些留级的学生是不是真的如想象的那样跟得上平均水平？因为留级而招来的歧视对他们的伤害更为严重，使他们失去进步的可能，而且家长如果不接受孩子留级就可能会闹，孩子多学习一年就意味着家长多承担一年的学习和生活费用，更何况孩子留级的话家长脸面上实在是挂不住的。

所以，新小有若干孩子的五年小学教育就是"混过来"的，教师实在"没办法给他补，补不上去的"。估计这些孩子义务教育阶段的全部学习都是混过去的。

新小2008年招收了一个孩子，在面试时招生人员发现他连5以内的加减法都不会做，说话时语速很慢，表达困难，而且交往等方面的能力还够不上准备就读一年级的孩子的水平。新小招生人员建议孩子的父母晚一年送来，让孩子在幼儿园大班再待一年，等到孩子的心理成熟度提高后再读小学。但是家长说他们已经向幼儿园提出再读申请了，可孩子被幼儿园"踢出来了"，幼儿园说既然孩子到了毕业年龄了就不允许再来。

于是，那个孩子上了小学一年级，果然学不好。一兵说："为什么不能根据学生的实际认知水平而非要根据年龄来入学呢？孩子们差异太大了。"

因材施教历来是一条教育的原则，可是如果要一个教师在大班级条件下，在限定时间和内容进度的条件下，促进每个学生尤其是认知能力达不到要求的学生发展，让他们达到平均水平，这是几乎做不到的。

对这样的疑难问题，有没有研究部门或行政部门给予帮助呢？答案是没有。"教育局才不管这么小的事，"一兵说，"区里会组织统一的教研活动，这些活动并不针对教师的切身问题"。这些教研活动以推进新课程理念为主，着力于引导教师的课堂教学，让课呈现出新课程的样子来，而对呈现新课程样子的课是否促进不同学生提高学业成绩则基本不问。有时候并不是不问，而是那些教研员们未必有能力问，或者即使问了也没有什么解决办法。教育不是万能的。

新小每个学期都要主动请教研员来学校指导教师教学，他们来了之后一般都要下课堂听课，然后与教师们就课的问题进行交谈。但是教研员基本上是从中小学教师岗位上提拔上来的，他们本身并非研究人员，所以也是感性的东西多些。因为他们外出的机会多，平时看得多，"他们把那些自己看到的东西批发（传播）到我们老师这边来"，可以帮助新小教师拓展视野，却不能真正帮助教师们解决问题。

有的教研员安排的教研活动连主题都没有，只是听课，听完课随意点评一下或者组织教师点评一下，就这样简单地重复一遍又一遍。"而那些拿出来的课本来就不是原生态的课，都是公开课，都是成功的课，没有失败的。"一兵说，"不能说这样的教研活动一点儿用处都没有，可如果校本化的教研活动跟不上的话，就会很成问题。"

然后，又回到一个老问题上了，新小教师有时间搞自己的教研活动吗？新小教师除了参加区教研活动外，还要参加校际（片区）的教研活动。

校际（片区）的教研活动像是嘉定区的一项创新，其实也不是学校自发的而是由教育局划定并安排的。片区教研活动是由局里派的一名组长负责组织、安排的，活动的形式就是"你来听课，我来听课，大家听课"。一兵说:"老师忙于应付这个,应付那个,差不多每个星期都要外出,光有数量没有质量,所以说学校的教研活动就放在最后面了,根本就没有时间。"

写到这里,我们看到了一个死结,一个因为"维上",因为"疲于应付"而根本无法解决自身问题的死结。

十一　怎么才算是真抓实干

靠什么提高学生的学业成绩？靠创新？靠科研？新小的教师才不会那么幼稚，他们知道这些"花里胡哨"的事甚至在一定程度上会对学生的学业成绩构成潜在的威胁。新小的教师们大多倾向于以务实的态度抓学生的基础，"真抓实干"是对教师的一项基本要求。大家都认识到，在教学这件事情上是来不得半点儿花架子的。

在课程改革快 20 年的时候，上海市教委发布《关于深化中小学课程改革加强教学工作的若干意见》，提出"加强教学五环节"的要求，即加强备课、上课、作业、辅导、评价等五项基本环节。各区县纷纷出台相关细则，各中小学闻风而动，抓或者狠抓教学过程正是中小学教育界的"拿手好戏"。

在中小学界，"抓"是最常用的词之一，在教育主管部门文件和学校文件中比比皆是。这个词带有一些刚性的暴力倾向和野蛮的意味，一般用于显示对某一件重要事务的决心，比如抓校风、抓卫生、抓纪律、抓质量，等等。往往抓而无效，便进一步提出"真抓实干"，来表示决心的格外巨大。

凡是要抓的那些领域都是有统一标准和要求的。那么具体如何抓呢？大家心领神会的套路就是拿着统一的标准和要求自上而下地去检查、评比、考核和督促，市教委检查、评比、考核和督促区县教育局，区县教育局检查、评比、考核和督促学校，学校检查、评比、考核和督促教师。

新小当然不例外。而教师们对此虽感觉不适，却也绝不反感，他们普遍认为这么做才是真正重视教学质量，而搞科研和创新就是在不务正业。于是，抓教学五环节便得到了教师们的响应。

新小领导层抓五环节主要是通过"质量调研"的方式来进行的。一般由管理层下年级听课，观察学生的学习习惯、听课情况，检查学生完成作业的情况，检查教师的备课本，然后把所有的调研情况汇总到教导处，教导处起草一个报告，再反馈到年级组。在新小每个学期这样的调研会覆盖所有年级，基本上是一个月调研一个年级。

质量调研在新小没有遇到多少"抵抗"，教师认为接受上级检查是天经地义的事，没有人会提出我的备课本是私人物品不让翻阅，没有人说我的课堂是我的领地，凭什么由着你们随便进来。他们不会这么想，几乎全中国的教师都不会这么想。他们也许心里还赞许，领导就该这么下基层了解实情，这才叫"真抓实干"。

工会主席王老师之前任教导主任时就力推教学常规，她说："搞什么科研呢？我从来没写过一篇，我不愿意写。我父亲就是在企业里搞科研的，为了做个实验几天几夜不回家，把自己锁在实验室里，不能有任何差错。相比他们，我们的这种科研根本没什么含金量。现在要写的文章越来越多，我很反感。"她在教导主任位置上就是抓落实的，她说："我们学校葛书记注重人文关怀，没有居高临下的感觉；蒋校长也是个非常和善的人，她抓教师形象，大会小会都是讲教师的风度啊仪态啊谈吐啊。我们学校的教师却害怕我，主要是我做事水平不高，但是非常认真，好在教师们慢慢也都能接受。"

在提高学生成绩这方面，要说有什么经验，用一个字来总结就够了，就是"抓"，至于先进理念之类的东西，往往用作写报告时的点缀。关于这一点，大家都是心知肚明的。而且，教育局领导、学校管理层、普通教师，他们往往能在这一点上达成默契。

十二　学校的良心课是怎么开设的

除了抓教学环节以应对考试，新小对学生的兴趣活动和社会活动还是有热情的。他们有一个"三三〇"课程，就是每星期一的下午 3:30 之后由教导处统一组织学生活动。他们把这些可供学生选择的活动统称为"校本课程"，也就是由学校自行组织而非上面安排的那些课程。

这些课程是由教师自行申报的，然后教导处开出一份清单让学生选择，只要学生有兴趣，无论选哪门都行，因此这些课程都是跨班级的，有一些是跨年级的。

这些课都属于"良心课"，按照上面课程方案学校应该开设此类课程，年终考评时，上面要来查的。但开多开少似乎并不那么严格，真开假开也没有多少人会在意。中小学普遍都有两张课表，一张课表是属于"真抓实干"的，与学业成绩高度相关的必须开齐开好的；而另一张课表是为了应付上面检查的，这也已经不是什么秘密了。像新小那样"良心"好些的学校会多开些，会真开；一些学校则会少开甚至不开，或者假开。

对教师来说，这也是良心课程，因为你可以找各种理由不开，即使开也不会有五环节之类的那么多讲究，开好开坏都不重要，至少都没有上主课那么重要。所以，在学校，此类课程一般由音乐、体育、美术这些小学科教师来开。主课要考试，主课教师的功劳主要在分数上，这在一定程度上为副科教师们提供了表现的机会。

新小的校本课程并不是真正意义上的校本课程，很多教师并没有真正掌握校本课程开发的技术，他们开设的那些课程严格地说就是传统意义上的兴趣小组。新小以前请了个教授来讲课程，基本上也是讲解上面的课程纲要和对教师的要求，基本不涉及教师独立开发一门课程的技术问题，所以新小和其他很多学校一样都属于校本课程开发方面的外行。但是，这并不影响他们把这些称为"校本课程"。

这些课如果开设成功，多半是靠着教师的天赋能力，比如，五年级的高老师开发了一门"品三国"的校本课程，吸引了一大群追随者。那些孩子的兴趣被高老师激发出来了，他们能综合比较易中天的观点和其他历史学家的观点，从而得出自己的结论。而能开出这样高水平课程的教师并不多，可惜的是后来高老师调走了，"品三国"就从新小消失了，于是出现在另一所学校的校本课程表上。

武术是新小校本课程的一个亮点，是由那个有天赋能力的丁老师开设的。只要她还在，这门课就将存在下去。

舞蹈是新小校本课程的又一个亮点，这主要得益于音乐教师朱逸婷，她在新小受到器重，是因为她为新小增添了荣耀。为了让女孩儿变成"小美女"和"小仙女"，朱逸婷开设了形体课。

朱逸婷于1996年从行知艺术师范学校毕业，之后被分配到嘉定区的一所小学，可是那里似乎缺少她想要的那种环境和氛围，于是在2001年投奔新小，因为蒋校长"也是个理想化的人，跟她有点儿共通的东西"。"2001年我就到了新成路小学，然后一直工作到现在，我的教学生涯很简单，很顺利。"她说。

每个女孩儿到了二年级时都有机会向朱老师学做小美女和小仙女。朱逸婷的形体课是自己设计的，而且还编写了教材。在新小的同事们看来，朱逸婷是个有个性的人，有些"特立独行"，比如，每年暑假她会独自背着行囊外出旅行。而她说她很平庸，一般颇有性格的人反而会说自己平庸，以显示自己的不平庸。她说，旅行是为了锻炼体能，工作很累，需要调节自己。朱逸婷的语言表述不如她的舞蹈那么缠绵，尤其是在涉及她的个人评价问题时。

朱老师不仅是新小的宝贝，可能还属于区里的宝贝。平时工作之余，她还要被拉去参加各种舞蹈比赛和演出，有区文化馆组织的，也有"上海之春"艺术节的，她的生活是以艺术和舞蹈为轴心展开的。她的成功靠的是艺术方面的天赋直觉而不是什么理论，她个人的发展似乎也与科研无关，让她写论文可以说是对她的摧残。

她对自己开设的形体课的理解很直白，"学校总要有个特色啊，而且女孩儿要懂得美"。那什么是美呢？她认为"哈韩哈日"的不美，现在的一些女孩儿"刘海垂下来，只剩单眼，我看着就很难受"，开设形体课就是要告诉孩子们"动脑筋就是美，成绩好是其次；干干净净就是美，健康就是美"。

这是一所崇尚美的学校，学校工会有教工社团，其中就设了舞蹈这个项目，但是毕竟舞蹈有些曲高和寡，大家更乐于参加跆拳道活动。在问起有没有教师主动向朱逸婷讨教形体方面的知识时，她笑着说，"老师们都太忙了"，虽然老师们每天都在学生面前展示他们的形体，但似乎在达到形体美之前，还得确保健康。

朱逸婷最担心自己缺乏灵感，她认为让艺术教师每天按时上下班是不公正的，"要让艺术教师去创作，所以我要走出去感受，否则我会枯竭的"。

在朱逸婷看来，创新就是给予空间和时间，而新小基本能满足她的要求，所以新小拥有了她，也就拥有了特色校本课程，也就拥有了舞蹈团，也就拥有了六一儿童节上的精彩节目。

朱逸婷的这种状态令许多教师羡慕，相比朱逸婷，主课教师承受着各方面的压力，老蒋说"外界对教师的要求太高，已经超过了他们的承受能力"。除了考试、安全问题之外，他们还要承担许多在他们看来毫无意义的工作。"现在都喜欢搞假大空那一套，而且有愈演愈烈的趋势。"老蒋愤愤地说。

于是，朱逸婷的幸福在教师群体中只是一个个案，她可以为了让女孩儿成为"小美女"和"小仙女"而开设完全由她做主的校本课程，可语文不行，英语不行，数学也不行。

现在的学校连组织校外活动都受到限制。虽然上海市教委的课程计划上有课外实践活动的安排，但是无论春秋两季的外出实践活动还是"高雅艺术"观摩，都是由教育局统一组织的，学校无从选择。新小几乎不再自主组织学生参加校外活动，因为时间上不允许。课表中每周有一节拓展课，一节课才40分钟，你能把学生带到哪里去"拓展"呢？上海各方面的教育资源还是非常丰富的，有的领导在校长大会上批评学校不把学生带出去，可是没有办法带出去的，没有时间保证啊！另外，有的领导还说"谁组织谁负责"，谁还敢组织啊。"前头在说要实施素质教育，后面又说出了问题要负责，"老蒋说，"他们的话总是对的。"

能不能把课表中每周一节的拓展课加起来变成一学期三天呢？回答是"不行"，因为这就意味着要改动课表，上面对课表查得很严格。"一周一节就是一周一节，你要是变动了的话怎么向上面交代？"孙丽红说。而且，把学生带出去，出了事怎么办？多一事不如少一事。

于是，教育的梦想便离新小越来越远。新小的一群人在精神上被强大的力量控制住了。

老蒋无奈地说："我们学校很多经典的校本课程只开了一学年甚至一学期就偃旗息鼓了。陈利明老师开设了'嘉定竹刻'，周蕴倩老师开设了'嘉定古桥'，苏剑老师开设了"感受经典动画"，可是后来他们都放弃了，因为工作量实在太大，老师精力有限，主课要紧啊！"

新小便如其他学校一样"屈服"着，新小的素质教育在几个具有天赋的副科教师的点缀之下开展着，这让教育偶尔还符合他们的梦想。

这种屈服在中国教育界被赋予了积极的含义，这反映出这所学校和这所学校的教师一样，以顺应社会和顾全大局为己任，也与其他学校一样，没有什么新鲜事。

新小和新小的教师有时候并不真正相信自己所做的事情，却选择与其他学校和其他学校的教师一样的行为，他们也只能靠赢得外在力量的支持而生存下去。在强有力的社会压力下，他们陷入了思想斗争之中，而最终几乎都会选择服从和屈服，这让他们避免了外部压力对他们的伤害。这正如洛克在他的《人类理解论》中所说的："一万个人中也难找到一个人，他能在自己的团体里长期忍受厌恶和谴责而麻木不仁、无动于衷。"

十三　梦想和灵性何以无法真正熄灭

新小真正的价值与那些冠冕堂皇的说法不同，其实新小的教师们还保留着他们质朴的生活。在一些单纯的教师看来，教育就是日常生活。一切试图对他们进行制度化的努力，最终可能都无法改变他们。而那些无法改变的东西往往被一些高大上的词汇遮蔽着，不能显示它们的光泽。

李清是个语文教师，他有过"擅自"把语文课换成班队课的经历。一次，在班级走廊上，他偶尔得知一个小秘密，那天是小韩同学的生日。他想："何不给她一个惊喜呢！"于是，李清让全班同学唱着歌祝福她。可没有想到的是，第二天小韩的家长竟然带着一个大蛋糕来到了教室，于是，李清临时决定语文课不上了，索性开了一堂以生日为主题的队会。"孩子们洋溢在爱的幸福中。"李老师说。

对李清来说，这个生日主题队会不是教育而是生活，因为唯有生活允许他改变教学计划，允许他焕发一闪念的灵光，也唯有生活让整个班级充盈着幸福。

苏剑教美术，她听过很多教师的成功案例，可是她怀疑，"连上帝都会犯错，老师就能成功转化特殊学生吗"，她说"我不能"。

有个孩子很有美术方面的天分，苏剑很喜欢她，她们交往得也很好。可有一次，那孩子没有带学习用品，苏剑当众严肃地批评了她，从此，那个孩子再也不认真交作业了。事后，苏剑才知道原来孩子的父母离婚了，这对她构成了伤害。虽然苏老师几次设法帮助她，送她小礼物，可是那个孩子四年中都是那副冷冷的样子。苏老师说："从此，她再也没像一年级时候那样天真地围着我，当着我的面呵呵地笑。"苏老师心里很痛:"歌词里说,'不经历风雨怎么见彩虹',事实却是,有些小苗苗只能温暖地呵护着。而这棵苗一旦受伤,无论我如何再去温暖她,她都蔫蔫的。"

是什么让李清突发奇想去关心别人家的孩子的生日,是什么让苏剑为一个陌生人家的孩子而忧伤?显然,它与理念和理论没有什么关系,而是一种情感。

生命本能使我们更愿意关心与我们有血缘关系的人,生命本能使我们愿意为自己的孩子做出自我牺牲,把孩子的利益放在第一位,这样的自我牺牲是不求回报的,即使父母对其孩子的奉献要比孩子返之于他们的多得多。

可是,学校的学生与李清、苏剑之间不存在血缘关系,他们在牵挂学生的生日和学生的家庭境遇时,在实施善意和善意的帮助行为之前,他们没有计算过成本。李清那时忘记了牺牲一堂课可能带来的分数上的损失,苏剑没有计较自己心理的阴影对她自身生活的不良影响,他们都凭着本能在思考和感受生活,或是美好的,或是冷冷的,他们更不会去计算他们的牺牲可以换得多少奖励或者避免多少惩罚。

对他们的行为的唯一可靠的解释是因孩子的痛苦而痛苦,因孩子高兴而高兴,这正是一个教师作为一个人的本性,正是这一美好的天性让教育不至于彻底地堕落为考试的工具。与这一天性相比,所谓的教育科研和创新显得格外渺小。

中小学校的制度化和标准化管理显然破坏了校园生活,而失去生活的教育是苍白的。这种教育挤压了情感的空间,虽然从来没有证据表明教师对学生投入情感会提高他们的学业成绩。

于是,人们试图以科研和有计划地创新等这些可控的行动来支持全部的教育活动,甚至狂妄地蔑视情感的存在,这样,我们最终看到的将可能不是教育的进步,而是教育的大崩溃。

而现在,离这样的时刻似乎已经不远了。

第三部

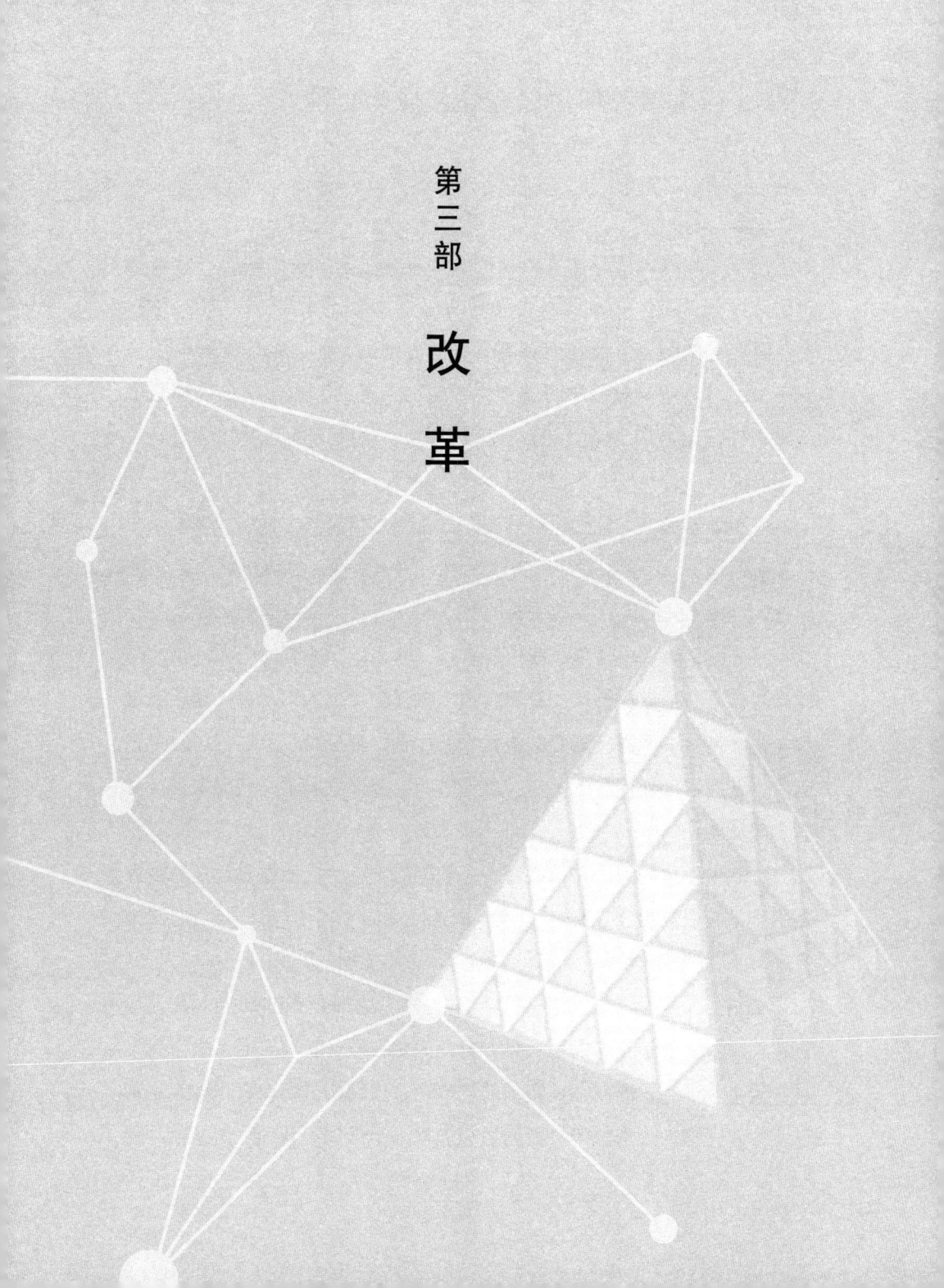

改革

一 全面质量管理何以在学校成为可能

受华东师范大学赵中建教授的影响，新小尝试将全面质量管理思想引入学校管理。嘉定区教育局聘请赵教授担任校长培训班的导师，老蒋是其中的一名学员。老蒋不是科研方面的行家，她在管理上倒是有不少心得，向赵教授学习管理正中她的下怀。于是，新小也搞起了质量管理，而在21世纪初的上海教育界，"全面质量管理"是个颇具争议的词。

中小学校很少有自己原创的词汇，人们习惯借其他行当的词汇来表述教育问题，"质量"便是从企业界引入的一个词。争议可能来自它的出处，自命不凡的教育界似乎有些瞧不起以盈利为目的的企业界。

全面质量管理原是指企业中所有部门和组织、所有的个人都以产品质量为核心，把专业技术、管理技术、数理统计技术集合在一起，通过建立一套科学、严密、高效的质量保证体系，来控制生产过程中每个影响质量的因素，以优质的工作、最经济的办法提供满足用户需要的产品的全部活动。

在赵中建这样国内一流教育专家的倡导下，全面质量管理还是被许多中小学校长接受了。赵中建说："既然美国中小学引入了（全面质量管理），欧洲中小学也引入了，中国为什么不能引入？"

中国的中小学校长大多都是属于"教而优则仕"的那类人才，他们在某一学科教学领域内可能是专家，但是在教育管理方面却没有受过系统的专业训练。即使在提拔前的培训中，他们所受的教育也多半是师德、廉政、国内外形势等方面的思想灌输，至于如何管理一所学校，他们普遍缺乏必要的专业准备。而他们上任之后便会发现每天遇到的问题更多的是令人头疼的管理问题而不是教学问题。学校的副校长、主任们也几乎未接受过系统的管理方面的培训，这让中小学管理层对企业管理经验抱着浓厚的兴趣。

在一些校长看来，学校引入全面质量管理是很有必要的，只要讲求质量，就需要质量管理。全面质量管理的特点就在于要求管理的"全面性"，就要使管理能够控制质量的各个环节和每个阶段，就要对全过程进行管理，就要求全体成员一起参与管理，这听上去很美。

老蒋认为，全面质量管理对新小最有吸引力的和最有价值的部分，就是它强调"让顾客满意"。在老蒋看来，学生和家长就是学校的顾客，要让学生和家长满意。更重要的是，全面质量管理还强调将"员工"也看作顾客，这就是说，想让学生和家长满意就必须先让教师满意。光凭这些理论方面的论述，老蒋就对全面质量管理思想产生了浓厚的兴趣。

老蒋在一段时间内按照"ISO9000系列标准"来实施学校质量管理。ISO9000系列标准是国际公认的质量管理体系标准，这套标准强调的是由公正的第三方对质量体系进行认证，企业接受认证机构的监督和检查。学习和使用"ISO9000系列标准"，是因为这套标准注重将质量体系贯穿于质量形成的全过程，要求满足"顾客"的需要，强调任何一个过程都应不断地完善。新小于是也按相关标准编制了《质量管理手册》，虽然限于成本方面的考量，他们没有延请第三方论证，当时在上海很少有学校能出得起这笔论证费，因此，他们的质量管理体系离真正的标准文件是有距离的。校长们大多是实用主义者，对这个群体来说，管用就可以了，他们甚至没有对全面质量管理（TQM）与ISO9000系列标准加以区分。

老蒋一度也不能从根本上区分它们。她是后来才知道它们之间的区别的：全面质量管理活动的目标是改变现状，而ISO9000质量管理活动的目标是维持标准现状；全面质量管理强调以人为中心，ISO9000以标准为中心；实施全面质量管理主要靠学校的自我约束，而ISO9000系列标准强调由公正的第三方对质量体系进行认证，企业接受认证机构的监督和检查。其实，向老蒋这样的实战型校长解释清楚这两者的区别意义不大，对管理她早已形成自己的认识，靠着自己的经验和直觉进行管理，全面质量管理也好，ISO9000系列标准也好，只是她的管理工具，够用就行。

于是，新小根本不会引入复杂的质量统计技术，什么显著性检验（假设检验）、实验设计（试验设计）、方差分析与回归分析、控制图、统计抽样等技术，这些与他们没有丝毫关系，虽然谁都知道统计技术恰恰是全面质量管理的核心，是实现全面质量管理与控制的必不可少的工具。而中小学校对管理技术的漠视由来已久，在现有条件下在新小根本不可能运用这些技术。因此，对新小来说，全面质量管理与其说是一种管理技术和方法，还不如说是一种思想和意识。

围绕着全面质量管理，新小在一段时间内形成了自己的话语系统，显然任何学校都需要完整地表述自己的价值和行为的话语系统。"质量第一""学生第一""学校文化""标准化管理""持续改进""全员参与""质量责任制"等成为了新小新的常用语。

二 刚性管理和柔性管理是如何协调的

新小并没有全面实施全面质量管理，显然刚性的管理与新小所推崇的人性化管理存在冲突。教导处孙丽红说："搞了ISO9000常规流程，我们基本了解了每一项工作该怎样去做，但目前与之匹配的政策性的东西要自己不断地去充实、了解。"于是，那些刚性的制度和流程常常被放在了抽屉里。"需要用的时候，我才向教师公布，先不必全部向教师公布。"孙主任说。

即使是那些公布了的制度，在执行时也还是柔性的。制度化而又人性化的管理，让新小的教师非常适应，人们习惯于游走在制度和情理之中，似乎这一切都是如此自然，即使是那些比较有性格的男教师也毫无异议。

那些有性格的教师对领导的某些决定会有想法，但是"你和他们沟通交流后就能够解决，他们不会很坚持的"。对管理层的"法外自由裁量"，教师们表现出了大度和宽容，这一切源于信任。这就是说，管理层赢得员工的信任后，便能获得学校"法律"的解释权，或者获得"法外施恩"的资格。

孙丽红甚至认为跟男教师更容易打交道，他们比较直爽，因此更方便沟通。她说："比如说，请男教师代课，他一般会很爽快地答应，不会问你这节课是算我代课还是算别的，在安排工作方面和待遇方面男教师往往不会计较什么的。"

新小虽然有高层领导者和中层管理者，可是他们一般不把自己当成别人的上司，他们更像是组织者和协调者。即使是安排工作这件事，他们也不会对教师发号施令,以此来强令对方服从,他们更乐意与教师分享岗位安排权。这显然与质量管理方面的制度设计有所不同。

每年学校要下发一份"岗位意向表"给每位教师,询问教师是否愿意担任班主任、年级组长和中层干部等,然后教导处根据教师的意向做安排,尽量满足教师的愿望。在人事安排正式公布之前,教导处还会与教师本人沟通,尤其是那些个人需求没有得到满足的教师,更需要与他们沟通和协商。孙丽红说:"事先与教师都协商好了,如果你不高兴我就尽量不安排你到那个岗位。"

所以,在安排工作方面新小没有法律和权威,在他们看来,通过沟通和协商几乎能解决所有问题,而之所以能解决问题则是因为信任,以及新小的教师"人好","好说话"。

在处理与下属的关系上,新小管理层很少依靠指令的方法。孙丽红认为自己作为教研组长们的"上司",其实应该与教研组长们建立一种合作伙伴关系。她说:"各个学科都有一个教研组长,我又不懂所有学科的事,所以都是靠他们自觉地去干的。"

即使在孙丽红所属的语文组,也是由语文组长自己去做。"我只是配合她,"孙丽红说,"虽然我参加教研活动,但这又不是开教导处层面的会议,我只是组长的帮助者。"

校长老蒋和副校长一兵之间也是这样的合作伙伴关系,只要是教学和教科研领域内的事,就由一兵决定;而一兵与教导处主任们之间也是合作伙伴关系。孙丽红说:"领导们会给你自主的空间、思想的空间。比如说,她布置给你这样一个任务,你去策划,然后交给她审批一下,她不大会关注细节。"

在这所小小的学校里,他们相互之间都是朋友和伙伴。但是,朋友和伙伴关系并不见得会妨碍工作。孙主任说:"他们都知道我蛮讲原则的,朋友归朋友,工作归工作,基本上没有冲突。大多数教师都很自律,都能自觉把工作做好。"所以,干部们也不必不顾情面去批评人。

孙丽红说，即使是老蒋校长为某事很生气，"比较要好的，老蒋会直接说他几句，私人关系一般的，她就只是暗示一下，不会大动干戈"。

新小的干部上下级关系并不明确，同级之间的关系也未必十分明确，这可能在一定程度上会牺牲一些效率，但是效率似乎比伙伴关系肤浅。这对宣称实施全面质量管理的新小来说，又是一个不符合标准的"缺陷"。

新小的组织架构属于"科层制"，按照科层制的原理，新小的内部是有分工的，对学校每一个成员的权力和责任都有规定；新小的内部是分等级的，下级接受上级指挥；新小的每个成员都具备专业技术资格；新小的管理人员是专职的管理者，他们谁都不是学校的所有者；新小的内部有严格的规定、纪律，并毫无例外地普遍适用；新小的内部排除私人感情，成员间只是工作关系。

可是，新小的科层制并不典型。

第一，按理说，新小的内部是有分工的，对学校每一个成员的权力和责任都有规定，可是这些规定并不严格，权力的分享和责任的分担在新小随处可见。

第二，按理说，新小的内部是分等级的，下级接受上级指挥，可是新小的上级只是给予下级空间，并不直接行使指挥权，他们更热衷于沟通和协调，即使这么做会牺牲效率。

第三，按理说，新小的每个成员都具备专业技术资格，可是新小的管理层在管理方面的专业化程度并不高。

第四，按理说，新小的管理人员是专职的管理者，他们谁都不是学校的所有者，可是新小的管理人员都是兼职的，甚至他们不将管理工作视为主业，而公办学校并不存在可见的"老板"，他们将学校看作一个"家园"。

第五，按理说，新小的内部有严格的规定、纪律，并毫无例外地普遍适用，可是，新小纸面上的文字常常会让位于情理。

第三部 改 革

第六，按理说，新小的内部排除私人感情，成员间只是工作关系，可新小的管理者之间，管理者和教师之间，教师和教师之间维持着良好的朋友关系。

对新小，我们很难用科层制原理来解释，所有运用某种管理理论做出的解释都是似是而非的。

韦伯认为，科层制是特定权力的施用和服从关系的体现，为使"统治"不至于沦为纯粹的暴力控制，"统治"应更多地寄希望于人们自愿的服从，而自愿的服从又是以"信仰体系"为基础的。也就是说，新小似是而非的科层制管理之所以能使学校运行正常，一定是因为新小成员认同了某种价值体系，这样才能取得行动的一致性、连续性而不会导致内心的紧张。在这种共同的价值信念的支持之下，任何来自权威的命令甚至暗示都会得到个人的遵从。

这样的"信仰体系"或者"价值信念"来自两大类别的"正当性"。

第一类是主观的正当性，包括情感的正当性（多表现为情绪的接近、亲和）、价值的正当性（相信一种秩序体现了个人的美学、伦理或其他价值）、宗教的正当性（来自对救赎需要秩序这一看法的认可）。在新小，维护管理层"统治"的主要是情感和"蔷薇文化"价值观念。情感和价值认同越是强烈，学校秩序就越是严整。

第二类是所谓客观的正当性，包括习惯的正当性（对已经成为过程或重复出现的事实的默认，以及心理学意义上可表述为主要来自外部压力的从众心理）、法律的正当性（对法律体系无论是出于内心的抑或外在的服从）。在新小，开办初期大家所形成的工作习惯获得了后来者的认同，对习惯默认的力量显然超出了对"学校法律体系的服从"。

在主观和客观两类正当性中，新小的正当性倾向于主观，这使得新小的"法律体系"几乎不发挥作用，或者说找不到发挥其作用的机会。

在中国式学校，靠"法律体系"建立"统治"的正当性是不是合适还有待验证，目前看来新小以主观正当性来提供统治的依据是符合

"统治"理想的。但是，所有非理性的统治形式，都不可能真正达到工作流程的标准化和程序化，即在我国中小学，真正意义上的科层制似乎从未建立起来。于是，人们对管理层的评价主要基于伦理相对主义的标准，以及对上司的忠诚程度，也就是说，下属对干部的要求主要是道德层面的，而上司对干部的要求则主要是忠诚度。因此，"做人"是干部的首要标准，可这一标准是模糊的、相对的和情境化的。也因此，干部对他们的管理是否科学并不在意，这使他们很有可能成为上司或者下属的附庸。

我们听说新小在实施全面质量管理，深入学校后才发现，那其实是又一个美丽的"幌子"，他们引用了一些新颖的术语来描述他们的日常工作，可是骨子里，他们还是原来的自己。

他们寻找理论的时候，未曾想过要用一套新东西来框住自己，他们只是截取他们想要的那个部分，或者他们什么也不要，只是想用理论来印证一下，印证他们本来的正确。

三 决策是如何做出的

校务委员会是新小的最高决策机构。学校的"大政方针"都是由这个机构做出的。与其说这个机构是决策机构,还不如说它是一个执行协调机构。在中小学,理论上实行校长负责制,即校长提出决策意见,而管理层的其他成员基本上只是附议一下。校务委员会的所有成员都是校长的副手和下属,除了副校长以外,其他干部都是由校长任命或者聘用的。在新小,即使是那些通过竞聘方式上岗的干部们,事实上也是由校长聘任的,所以在决策讨论中,他们一般不具有否决权。即使他们拥有否决权,一般学校也不会设计投票机制来保证否决权的有效行使。

学校没有必要发展校务委员会成员的否决权,这并不是出于维护校长作为学校最高决策者的地位,而是因为学校没有多少事务需要做决策,学校的真正重大事务几乎都是由教育局决定的。也就是说,中小学的真正决策者是上级主管部门,校长和校务委员会主要是执行与议事。

学校没有招生方面的权力,因此校务委员会不必决定每年招多少学生以及招什么样的学生;学校没有招聘教师和解聘教师的权力,因此校务委员会不必讨论人事方面的决策;学校没有财务方面的权力,因此校务委员会没有机会讨论学校预算和决算,也不必与教师工会进行薪酬方面的谈判。

校务委员会甚至不必讨论课程教学方面的决策,因为学校只是课程标准的执行者,虽然有三级课程,允许学校自主开发一部分课程,但余地也是有限的。学校无权选择教材,即使他们对教材很有意见。教材是法定的,连配套的练习册也是法定的,一些学校基本上无权选择他们认为合适的教学辅助材料。

他们会讨论教学问题，但是讨论的主题是限定的，那就是"减负提质"，他们也没有余地讨论适合本校学生的教学模式和方法，因为他们的上级想得很周到，已经用红头文件规定了教学常规以及课堂教学的评价标准，他们讨论的只是如何应对上级对他们执行情况的检查。

他们也不必讨论德育活动，因为上面会把一个学期内德育方面的活动都规定好，学校不必费心思去决策。而这些活动多半是紧跟形势的，而形势是多变的，因而他们并不能主动做出预判，这让他们学会了紧跟而几乎失去了根据本校实际情况进行德育方面决策的机会。

新小每星期召开一次行政会议，一般是用于排定下一周的工作日程，协调一下部门之间的关系。因为如果不协调好的话，可能会导致部门和部门之间争抢时间，从而影响执行任务的效率。

行政会上，校长一般都要发表讲话，而且一般会在最后发表。讲的一般都是要求大家统一思想之类的话，在中小学的各类会议上，统一思想是一个经常会用到的关键词。这也表示，中小学事实上在权威领导之下，即使是在一个可议而且需要发表不同意见的决策机构里，也是以强调服从为主。而为了避免被认为要求所有人服从领导，于是，改换说法，"统一思想"，即，使大家认为某项决策不是某个领导独自做出的，而是大家认识一致的结果。

一般情况下，校长还会在行政会上指出某些不良现象。如果这些现象比较严重，如果这些现象不能得到遏制和解决就有可能产生更为不利的后果，有蔓延和扩大的趋势，那么校长就会在学校各类会议上提出来。而这些所谓的不良现象基本上是与工作态度有关的，或者是不能服从指挥，或者是不能服从日常的规范，在中小学衡量工作态度的标准基本上是看某人的服从性。

中小学领导们普遍认为工作态度是绝对重要的，而教师的工作态度是需要经常提醒的。所以，校长平时会经常巡视校园，观察教师日常工作的状态,并借助各种机会对教师做出点评,以此维护学校的正常运作。校长的真实存在主要表现在他们能适时地指出教师或干部在工作状态方面存在的问题,并加以纠正。而校长的这一举动符合中小学教师对一个完美的领导者的基本期待,至少说明这个校长抓落实。这样,一些教师对学校管理层的督促产生了依赖,而渐渐地失去了自我认识和自我调控的能力,他们就是靠着上司的提醒和评点来维持自己的工作状态的。他们如同儿童,渴望自己的出色工作能被上层领导看到,他们希望别人的不良表现也能被领导发现。

孙主任说:"行政会上,校长会指出一些比较严重的问题,如果不方便在全校会上通报的,就会让我们个别去点拨一下,找存在问题的人谈一下话。"于是,新小的行政会议基本上是不设主题的。"没有什么主题的,大家沟通一下,把上面的精神传达一下,学校活动具体怎么开展、怎么落实,大家谈谈。"参加行政会的校务委员会成员孙丽红说。老蒋说:"两种情况下会有主题。一是上级有相关要求,需要学校实际操作;二是学校重大政策出台前的讨论。"

中小学校的行政会议成员主要由校长、党支部书记、工会主席、副校长、各中层部门的主任及副主任们构成。在行政会议结束前,一般都要由书记表态。书记的表态并非可有可无,他会明确地表示自己支持校长的观点和决定,同时强调某项工作的重要性。他的表态基本上是一成不变的,因为书记在中小学就是要起到对学校行政的"监督"和"保证"的作用,他表示支持校长的决定和强调工作的重要性便是在履行其监督、保证的职责。如果他公开在会议上反对校长的观点和决定,这会让大家感到诧异和难以接受。首先,校长肯定是不能接受的。其次,几乎全校干部和教师都不能接受,因为大家期待的是校长与书记的观点高度一致,这样稳健的关系即使是表面的,也是必须做出的一种姿态。学校高层总是想让教师们认为学校有一个坚强的和团结的领导班子,因此他们会设法在教师面前格外表现出这一点。为此,在正式会议之前,校长都会与书记进行沟通,这可以防止书记在正式会议上公开表示不同意见。有时候,这样的非正式沟通比正式会议上的公开讨论更为重要,这至少表明校长对书记的尊重,而相互尊重对维持校长和书记之间微妙的平衡关系是至关重要的。

新小的葛书记虽然从来没有把自己当成个什么了不起的官,但是她获得了包括校长在内的所有行政干部的尊重。而在新小,葛书记虽然是个党务工作者,但她也分管德育工作,事实上她就是一个行政干部。在行政级别上,她与老蒋同级;而分管德育工作,又是新小的副校长,也就是说她是老蒋的助手和下属。有时候,教育局为了让校长和书记之间形成相互制衡的关系,会有意让书记兼任副校长,而让校长兼任副书记。

四　如何带好党员这支队伍

对葛书记来说，她的工作"首先是要带好党员这支队伍"。

在中小学，加入中国共产党是绝大多数教师梦寐以求的事，入党在一定程度上就意味着某人的为人、业务水平都得到了大家的认同，因此入党这一天可能是他们终生难忘的一天。

因为上级党委设定了入党名额，所以入党并不是完全根据你的信仰和表现，入党显然与机遇有关。比如说，可能与年龄有关，某教师几十年如一日追求入党，可是党组织可能更加青睐年轻人，所以该教师可能一辈子与党组织无缘。毕竟任何组织都需要充实新鲜血液，增强活力，虽然年轻人中可能有些人的入党动机不纯，而且他们还未久经考验。

既然党员们都如此先进，为什么葛书记还会认为自己的首要工作是"带好党员这支队伍"呢？显然，党员还是要继续接受教育的，因为他们入党的时候表现很好，可并不能保证他们一辈子都会表现很好。他们有时候会忘记自己的党员身份，忘记自己入党时为伟大事业奋斗终生的誓言，他们与别的普通人一样会偷懒，也会经不起诱惑而革命意志薄弱。

于是，葛书记就要按照上级党委的要求组织党员们学习。在党组织看来，似乎没有比组织党员学习更重要的事了，只有经常组织他们学习，才能带好这支队伍，才能保证这支队伍的先进性。于是，他们每两个星期就要集体学习一次。

集体学习一般都被安排在放学以后，因为上班时间大家工作都很忙，尤其是党员，几乎都是学校的骨干教师，基本上都在关键岗位上，所以只能用业余时间了。

葛书记说:"有的党员家里孩子小,我也是于心不忍,下午4点半以后再开会,学习到6点钟。"但是,没有办法,党员毕竟不同于普通群众,这些困难是需要克服的。能处理好家庭与工作之间的矛盾,愿意为工作而默默地牺牲自身的和家庭的利益,战胜那个"小我"和"小家",那才是一个真正的共产党员。而所谓学习,就是为了帮助党员消灭心中的那个"我",如果不学习,那个"我"就会时不时地冒出头来而使自己等同于一般群众。

不仅在学习和开党员会议方面党员要区别于群众,"思想方面、行动方面,都要和群众不同"。葛书记说:"党员要注意言行,要有利于我们学校的团结、发展,这是最起码的要求。还有一点,对歪风邪气要制止。"

除了自己表现要突出,起模范带头作用,党员还应该指出别人的问题,帮助别人进步。可是要达到这样的标准是很困难的,毕竟一般的党员其实也就是普通教师,所以学校领导会要求党员们承担一些别人不愿意干的工作,而不会特别提出要帮助别人进步。

当两个教师犯同样的错误时,一般挨批多的是党员。比如说,某个年级里两个教师发生了争吵,闹得不愉快,领导发现其中一名是中共党员,于是,领导单独找来那名党员进行帮助教育。帮助教育的"潜台词"基本上就是:"你是党员啊,是别人学习的榜样,你应该发挥先锋模范作用,怎么可以和群众同志们一般见识呢?"当领导提示某人的党员身份时,估计党员是会无言以对的,因为没有党员会回答说"党员算什么"。所以,针对党员的思想工作总的来说比较好做,你根本不需要向他们解释为什么要做那件事,你只要告诉他"你是党员,这就是你应该干的"。

于是,学校里搞一些活动,比如交通志愿者等这些分外的活动,"肯定是党员首先参加的"。葛书记说:"比如说,现在迎世博,各类活动很多很多，上个星期街道办事处打电话来，问我们15号卫生行动搞不搞，我说我们每个月都按照你们的要求在搞的。在路上捡垃圾，擦洗公共设施、电话亭、垃圾桶，这些工作都是要派党员出去干的。"

新小有个"教工之家"，设计得很温馨，也很有品位。学校把这间屋子的打扫任务交给了党员们，由他们轮流值班。葛书记说："党员就要能为群众、为学生做一些力所能及的好事！"

他们不仅被要求在校内做好事，而且还要为社区做好事。根据嘉定区委的要求，每个党员都要到社区去报到，听从街道社区党委的调遣，利用业余时间参与社区里的精神文明建设。为防止有些党员偷懒不去，学校党支部年终要做回访，了解党员同志们的表现。

带好党员这支队伍，显然是葛书记最看重的头等大事。

葛书记所说的队伍，扩大些的话还包括那些入党积极分子。在新小，向党组织提出入党申请，等待党组织考验和审批的教师有十多个，这些人被称为"积极分子"。葛书记要关心他们的成长，要经常找他们谈话，要让这些人认为党组织就在他们的身边。

找他们谈话并不是太难，难的是让哪个先入党，如何取舍。葛书记说："我们学校的年轻老师大部分都交了入党申请书，但是教育局党委有规定，我们这些规模小的学校一年最多发展一个。有的时候我觉得某个年轻老师蛮符合我们党员的标准的，但受到名额限制，没有办法发展。"有一年，两个入党积极分子的票数是一样多的，后来实在没有办法取舍，葛书记只能向上级领导请示，好说歹说才破例同时批准了两个。"说是说成熟一个发展一个"，葛书记知道有时候说的和做的并不是必须一致，所以像她这样的本分人，是不会多想什么的。

除了党务工作，葛书记还负责领导学校的工会工作、退休教师工作和团支部工作，反正那些群众团体的工作都由党支部负责。

工会方面，主席人选的最终确定是要经过党支部讨论的，以体现党对工会工作的领导。

学校退休教师的生活要由党支部来关心，退休教师生病了或者有什么生活上的困难，葛书记就要上门送上党的温暖。所以，退休教师有困难找书记成为中小学的惯例。退休教师对葛书记未必满意，他们会抱怨，抱怨学校没有给足他们钱。"好像学校用在退休教师身上的经费不到位，比别的学校少。"葛书记说。虽然新小的退休教师一共只有18名，但是他们抱怨的声音不能不重视。于是，她去总务处查问，然后把用在他们身上的钱一笔一笔地给他们解释清楚，哪些是退休教师活动费，哪些是福利费，哪些是体检费，哪些是聚餐费，哪些是年货费，哪些是招待费，哪些是慰问费，哪些是旅游费，哪些是医药费补贴，都是要说清楚的，直到他们满意为止，否则退休教师们是饶不了新小的。

在中小学，即使教师退休了，他们还是认为自己是学校的人，一切靠学校，这样的观念根深蒂固。退休教师向学校主张自己的权益，有时候会成为学校的负担，尤其是那些本来财政就有些困难的学校。优先考虑退休教师的利益，对在职教师是不公正的。可是如果新小不关心退休教师的话，谁还会关心他们呢？所幸的事，因为新小创办至今仅10年，退休教师人数尚少。

学校里青年教师多，青年教师的群众组织叫作团支部，团支部书记的上级领导就是党支部书记，团支部书记工作上遇到什么问题经常要向党支部书记请示。比如说，团支部决定在五四青年节的时候搞一次团员青年的烧烤活动，便会向葛书记请示汇报并邀请葛书记参加。说是请示，其实是希望给一点儿活动经费，葛书记一般就会跟老蒋说，"老蒋会支持的。给活动经费就代表支持"。

这个学校里老的老小的小，因为有党支部书记葛老师，所以格外像个家，有人情味的家。

五　教师为什么不愿意当班主任

分管学生德育工作可谓是葛书记所承担的一件最大的实事。在中小学，如果副校长不够，由党的书记来主抓学生道德是顺理成章的事。德育处主任蔡玲萍是葛书记的下属。作为分管领导，葛书记的主要工作方式就是开会。她对蔡主任说："德育处召开班主任会议的话，只要在学校我肯定会去参加的。"分管领导这样表态，作为主管领导，蔡主任很高兴，虽然蔡主任知道即使葛书记不出席班主任会议，德育工作也照样在做，但领导亲自出席会议，会让班主任和德育处干部们产生良好的心理感受。

在中小学，教学被认为是业务，而德育往往说起来重要做起来却不那么重要了，对此管德育的干部有些愤愤不平，他们常常会感觉自己势单力薄。班主任在中小学实在是骨干甚至是顶梁柱，但是他们的工作往往被认为是微不足道的，他们常常会被忽略。蔡主任并不是要葛书记亲自到会给自己撑腰的，葛书记亲自到会，表明新小的领导很重视班主任工作，重视德育工作。

葛书记坚决反对将教学和德育两件事分开。她认为："德育是隐性工作，有的时候和学生谈话，或者做了很多的活动，是看不出什么成效的。"因此，对那些做了很多看不见的工作的班主任，葛书记很理解他们，出席他们的会议，本身也有体验班主任生活、感受班主任工作的意思。

除了校内德育方面的会议，区里还有很多与德育相关的会议。上级发了通知要求德育领导去，一般是不能请人替代的，否则领导会批评，说新小对德育不重视。所以，葛书记参加校内的德育会议是为了让班主任有良好的感受,而出席区里的会议则是为了照顾到领导的感受,于是,葛书记的会议多出了不少。

葛书记想不明白,德育和教学为什么要分得那么清楚。"所以有的老师向我抱怨,'我作业还没批,什么补课补差',要是让他们写点儿要上交的东西,真的蛮难的。"葛书记抱怨说。其实,葛书记心里应该明白,学校将德育与教学分开是不得已而为之,因为学校的上级——教育局对学校的管理就是分德育和教学的。如果新小不相应地设置部门,那么学校将无法与上级对接,而学校是一定要与上面对接的。

而上级将德育与教学分开,相信是出于好意。当我们希望重视某项工作时就为这项工作成立一个专门的部门,这已经成为一种惯例了。可是,这可能导致非德育部门的人们认为德育不是自己的事,于是,将德育这件事高高地挂起。

我们看到一种奇怪的现象,在教育界那些得到重视的事,其结果往往与初衷背道而驰。类似的例子是减负,人们越是希望学生的负担得以减轻,学生的负担反而越来越重。

因为把德育与教学分开,与其他业务分得太清楚了,所以德育的力量很孤单,上面布置的那么多工作,下面根本来不及做。葛书记说:"现在搞的活动都是与教学不搭界的,都是根据形势需要硬加进来的。迎世博啊,禁毒啊,防灾活动啊,家庭教育啊,这些工作都要分配下去,需要班主任的配合。"

一些班主任认为自己承担了很多毫无意义的工作,所以给班主任布置工作并不是那么容易的事,毕竟不是每个班主任都是党员或者入党积极分子。"你叫他们做的,他们都做厌烦了,"葛书记显然十分同情班主任们,"班主任津贴是300元,做得不好的话还要被扣掉。有的老师就在抱怨,辛辛苦苦做了一个月班主任,只拿到二百多,有什么做头呢?"老蒋说:"现在班主任津贴提高到五百多了,但老师们做班主任的积极性还是不高,主要是琐事太多,责任太大。"

所以新小的教师们并不愿意当班主任，而这种现象非新小独有。中小学开学前，学校领导往往和蔼可亲地与教师交谈，希望教师看在自己的分儿上做班主任。葛书记说："做德育工作是会让人烦的，刚刚调过来或者大学刚毕业的教师，可能干劲还足一点儿，时间一长，他们就不愿意了。高级职称评到之后，就怎么也不愿意当班主任了；还有一些家庭经济条件好的教师，也会提出辞去班主任职务。"

于是，每年安排班主任是新小领导们颇感头疼的事。除了向教师妥协，除了一次次地耗费自己的面子，基本上别无他法。

2009年搞绩效工资改革，很多教师就更不愿意当班主任了。"国家有关部门原本说班主任工作抵一半工作量的，结果没有兑现。"老蒋说。

有意思的是，开学前学校领导几乎是求着教师当班主任的，可是一旦"坑"被填满，领导们对班主任的要求还特别高，甚至还要对他们的工作进行非常细致的考评，要把他们的班主任费先拿出一部分来另行分配，也就是让他们干好干坏不一样，这叫拉开差距。于是，下一次，就更没人愿意当班主任了。

我问葛书记，那收入上能不能不"拉开差距"呢？葛书记回答说，"不行，上面规定绩效工资一定要拉开差距"。

六 教师工会该如何定位

工会也是参与学校管理的一种重要力量,工会主席属于学校的高层领导,享受副校级干部待遇。教导处主任王老师被选为新小的工会主席时,被认为是升职了。从中层干部到校级干部,虽然可能只有半步,但这半步对干部生涯来说是非常重要的。有不少中层干部在岗位上干了好多年,以校级干部身份退休,是对他们长年努力工作的一种褒奖。虽然工会主席也属于校级干部,毕竟这是个虚职,对雄心勃勃的年轻干部来说并不是一个好归宿,但对王老师来说却是一个很不错的安排。一兵之前是实验小学的工会主席,从实验小学调到新小属于平级调动,可见工会主席与副校长是同一级别的,是可以互换的。

王老师是在当工会主席的时候被选为嘉定区人大代表的,当人大代表的那段经历给她的工会工作带来了诸多启发,激发出她对工会工作现状的诸多不满。她说:"我就觉得现在的工会就是娱乐工会和福利工会。"

"娱乐工会"和"福利工会"确实概括了中小学教师工会的特征,其实不仅是中小学,在国有企业乃至在民营企业,工会似乎都是可有可无的。王主席知道工会存在问题,可她并不十分清楚问题到底出在哪里,这些问题似乎与工会的职能定位有关。

工会的基本职能究竟是什么?

在学校,以校长为核心的行政管理机构的职能主要是管理,党支部的职能是监督和保证,这两个机构的职能是明确的和清楚的,而工会的职能却有些尴尬。

那是因为工会在学校并不是一个可以独立行使其职能的机构，这个机构由党支部领导，而为了提高行政效率，党支部基本上成为学校行政机构的附庸。在工会主席人选上，党支部有建议权，以确保工会在党的领导之下；在经费使用上，校长拥有审批权，尤其是在工会活动经费普遍不足的情况下，工会只有求助于校长才能获得足够的用于维持机构运行的经费。在党支部和校长的双重领导之下，要为工会做出明确的职能定位确乎是困难的。

因此，工会在一所学校的地位和作用往往不是由法律决定的，而是由工会主席与党支部书记、校长的关系来决定的。

王老师是无党派人士，她对工会主席必须由党员担任并不那么认同。到新小工作之前，她曾经有一次参加工会主席选举的经历。那次没有被选上，党支部书记向她解释选不上是因为她不是中共党员，所以她只当上工会副主席。到了新小以后，她以高票当选工会主席，这次没有安排她当工会副主席，虽然她还是无党派人士。照她的意思，教师们只要选出工会主席就可以了，然后应该由工会主席来组阁，可她没有如愿，也不会如愿。

"学校是非常透明的，这所学校，本身也没什么钱，报账很清楚。总务处顾老师每隔半年就会在行政会上、教代会上把学校花的钱和用途向大家讲一下。几个从外校调过来的老师，工作这么多年，还是第一次听到领导向老师报账。"王老师说，"特别是医药费报销的问题，学校把每个人该得到的份额都告诉你，每个人是480元，但是这些钱不是分到你个人头上，而是由学校统一支配，哪些情况可以报，哪些情况不能报，清清楚楚，老师们都觉得非常合理。"

此外，理论上说，工会承担着调节劳动关系的职能，即代表教职工参与学校的劳动关系协调处理，但是中小学几乎没有聘任和解聘教师的权力，所以所谓的"劳动争议仲裁"的工作也是虚设的。

唯一可能引发劳动关系冲突的就是"末位淘汰"了，可在新小实际上并没有让淘汰真实地发生,所以王老师不必去操心调解方面的事。

嘉定区出台了一份文件,是关于中小学教师评价体系的。文件上罗列了德育、教学、科研等各方面工作表现的具体指标,每一项指标都有分值,加起来是100分。考核小组给每个教师打分,分数最低的教师就要被转到后勤岗位上,这就叫作末位淘汰制。王老师认为,这是老教师的悲哀。"我本来对使用电脑比较反感,觉得起不到辅助教学的作用,还会危害到学生的眼睛,完全可以用图片嘛,为什么非要每节课用电脑?后来教导处毫不留情地给了我一连串0分,使用电脑这方面我全是0分。"王老师说。好在没有教师因为得分低而转岗,所以用不着工会出面调解这方面的纠纷。

也正因为如此,新小保持着较好的同事关系,恶性竞争并未发生。王老师说:"从来没有发现组员之间争得你死我活的,教师队伍还是很稳定的。"显然,王老师在调解劳动纠纷方面没有用武之地。

为了防止工会形同虚设,本着"总要做点儿什么"的想法,工会主席们最重要的工作就只剩下娱乐和福利两件事了。这就是说,工会主要考虑在生活保障方面多做点儿工作,比如,关心教职工的生活、对困难职工进行补助、安排疗养等。不过,新小的教师很少有生活上需要帮助的。王老师说:"女教师基本上找的老公都不错,生活上还是蛮好的。"所以王老师想把关心的重点由生活转到鼓励教师发展方面,可是又觉得在这方面也帮不上什么忙。

王老师担任区人大代表以后,意识到工会似乎在代表教职工权益和参与学校管理方面应该有更大的作为,所以王老师说"能不能在我的能力范围之内做出小小的改变"。

对做出小小的改变,王老师还是比较有信心的,因为"我们校长是个很开明的人,她法制意识也很强"。于是,教代会和工会的改变从培训开始,王老师的这个想法是对的。经过培训以后,显然人们更能维护自己的权益了,参政议政的意识也有所增强。"如果我把老师都发动起来，那么学校的工作就能顺利开展了。"王老师说。可是她也有忧虑，那就是"老师们主人翁意识太强，也会给学校工作带来很多麻烦"。所以她后来停止了培训，因为她意识到，工会和教职工代表大会毕竟不是人民代表大会，而校长也不是区长。

后来王老师退休了，直到退休她也没有搞明白自己到底是干什么的。但是，她是校级干部，这一点是肯定的。

七　教师收入差异何以是个大问题

新小教师的收入不比别的学校的教师高。

教师收入主要包括法定工资和绩效工资，绩效工资又俗称为奖金。在法定工资方面，全上海所有小学教师的标准是一样的；教师的工作年限和专业技术职称不同，法定工资也就不同。但是在绩效工资方面，各个学校却很不同，那些财政收入高的学校，则教师的福利待遇高些，平均绩效工资也高些。

一般来说，择校生多，则学校财政收入就会高些，教师的收入水平相应地也会比较高。因为教师的收入水平高些，学校就能吸引好教师加盟。而好教师加盟，则学校的教育质量可能会高于其他学校。质量比较高的话，学校的社会声誉就会好于其他学校，则择校生就会更多些，学校财政收入就会丰厚些。这就是所谓的良性循环。

在20世纪90年代中后期和21世纪初期，上海义务教育阶段的学校差不多都要靠自己"创收"来给教师发奖金。大家把教育当成产业来看待，一些地段好的学校纷纷破墙开店赚取收入，而那些择校生多的学校通过收取择校费来补充学校财政上的不足。有钱确实可以办事，有钱至少可以改善学校的办学条件，有钱可以通过提高教师收入来吸引好教师和调动教师的工作积极性，而使学校进入良性循环的轨道。那些办学质量高的学校无一例外有着强大的经济上的支撑。

在经济驱动下，学校办学动力强劲，各个学校都不由自主地谋求自我生存和发展的道路。大家都清楚地知道办学质量高的话一定是会有收益的；而如果质量不行，学校口碑很差，就会导致招生困难，教职工的经济利益就会受损。那时候，上海的学校充满活力，没有比学校自主意识觉醒而自觉地谋求生存和发展更能让学校充满活力的了。

可是，之后政府开始反思，提出了均衡化的目标，政府的大政方针从追求效率转向追求公平，这一变化引发了一系列的变化。比如，学校用于创收的第三产业全部上交，政府说这是为了让学校姓教而不是姓钱；严格禁止学校收取择校费，政府说这是为了制止乱收费。这两项针对中小学校的经济制裁措施，使得不同学校的教师收入开始趋同，而那些原本办学积极性高的学校至少在经济上得不到任何回报。学校发展的动力系统濒于瘫痪，基础教育领域内的僵化和保守的风气重新弥漫开来。这种低层次的均衡化似乎不是政府也不是学校、家长们愿意看到的。这时，政府又向学校提出要探寻内涵发展的道路，但是内涵所能提供的动力在多大程度上可以替代经济上的动力？在这样一个功利时代，教育能否免俗，去创造一个世外桃源般的乌托邦的世界，实在是一个令人怀疑的问题。

在这个转换过程中，那些品牌学校也许是最大的受害者，因为虽然创收和择校费被取消，可是教师的奖金却不能减少，而借读生也不会因为不收取费用而减少。那些原本有经济实力择校的家长，他们纷纷寻找各种关系找门路，总之一些人还是有办法弄到学校上级批的入学条子的。这使得那些热门学校积攒了一大沓领导批条，因此学校不得不继续扩大班额，最终将这些负担转嫁到教师头上。而教师们根本无权将借读生拒之门外，他们不得不接受编外的学生。一些教师的不满情绪在滋长，是因为他们对这些额外的学生有责任，却得不到任何经济上的补偿。而一旦教师有怨言，领导们便不失时机地对他们进行师德方面的教育，批评他们不够无私和没有奉献精神，于是教师便被崇高的道德绑架了。而这不是第一次，也不会是最后一次。在这样的时刻，监督行政部门乱批条的不良风气的党组织缺位了，而维护教师权益的工会也失语了。

这些品牌学校的校长们陷入了两难境地，一方面要接收那些也许学习基础很差的学生，另一方面要与教师们"谈判"，商量如何将这些有来头的学生安置好。越是有来头的家长越是信息灵通，他们不仅选学校，而且还要选班级、选教师，于是，学校骨干教师所教的班级就越有可能成为重灾区。校长们不得不把这项"重要"工作做好，因为在一些领导看来，这点儿小事都办不好，这样的校长一定不够能干。而校长们的领导艺术就是在上级领导的要求和内部教师的怨气之间取得某种平衡，这种平衡是如此的难得，以至于校长们常常哀叹"校长不好当"。

在这场转型中，那些薄弱学校未必就是受益者，品牌学校收入的减少并不会让它们受益，取消创收和择校费其实减少的是整体的收入，钱不会从品牌学校转入薄弱学校的账户的。薄弱学校照样很难招到学生，一方面择校现象不会因为不收择校费而减少，另一方面上海早在十多年前就已经面临人口老龄化问题，学龄儿童递减是不争的事实，这些学校即使再努力也难逃"布局调整"而被"关、停、并、转"的命运。

政府规定捐赠不得与入学挂钩，如有热心于教育的企业或个人愿意为学校捐赠，就必须在捐赠书上注明该笔捐赠与入学无关。于是，很少有企业和个人为学校捐赠。在办学条件基本达标的城市，与入学无关的捐赠极少。因此，这项政策并不能杜绝教育捐赠，政策的制定者在这方面有一点儿缺乏常识。

如果政府愿意为教育投入足够的资金，那么有没有捐赠倒也不重要，可政府投入义务教育的资金远远不能满足需求，所以，不能不说这是一项匪夷所思的政策。这项政策几乎不能让普通人受益，只会让那些弱者受损，显然，受损的是教师。

新小不是教育产业化时代的受益者，刚开办的新小没赶上这班车；新小也不是此项新政的受害者，他们安安稳稳地过着自己原本就普普通通的小康生活。新小本来就没有什么第三产业和创收收入，也没有多少借读生。与那些规模大的品牌学校的教师相比，他们以前的收入就低，现在依然低。新小缺乏"暗中的小钱",而有些学校显然是有些小钱的,为此,新小教师颇有微词。

一些规模大的品牌学校,它们的所谓小钱有一部分是隐性的,总有些有钱或有权的家长良心发现,会在教师节或者利用其他的机会给教师准备些购物券、交通卡之类的东西。虽然金额不高,但至少可以取悦校长和教师,于是他们家的孩子会得到些额外的关照。另外一种获取小钱的途径是"洗钱",因为它们的学生比别的学校多些,而教育局下拨的办公经费是按人头来测算的,所以这些学校的办公经费总额较高,于是将花不完的办公经费设法转化为教师收入。

新小显然缺少小钱的"滋润",因为新小学生的家长相对比较贫寒,而且新小的办公经费几乎年年亏空。办公经费亏空并不是说新小在浪费,虽然学生人头数少,可是电费之类的支出并不少,一个班级50个学生与一个班级30个学生的电费是一样的。而新小的"管理费"也并不充足。

新小教师的收入不如别的学校多,学校领导正为此而发愁的时候,一项令他们更发愁的政策正式颁布,那就是给教师发放绩效工资。新小会迎来什么样的改革场景呢?

八　绩效工资改革是如何得罪教师的

按说加工资是全中国中小学教师的喜事，但事实上却不见得。

那是因为本来就不需要感激，按照法律的规定，教师的工资不低于公务员，这次加工资只是依法办事而已。这并不是给教师增加额外的收入，没有什么太值得高兴的，更不必对任何人感恩戴德。教师加了工资也未必赶得上公务员。

更让教师们"不爽"的是，加工资就是加工资，非得冠个名头——绩效工资。这就是说，这份工资一定会有人多得有人少得，而且多得的教师多得的部分等于少得的教师少得的部分。这会让多得的教师心里不安，而让那些少得的教师耿耿于怀。

首先是行业之间的不平衡。这次加工资前，尚未形成方案就在社会上闹得沸沸扬扬，吊足了教师们的胃口，让教师对可能的数额充满期待，也让一些其他行当的人侧目。

其次是学校之间的不平衡。绩效工资还未实行，有些学校已经"受伤"了。一些学校不仅没有增加教师收入，反而因为实行绩效工资改革而让教师的收入降低了。那是因为按照新的政策规定，实施绩效工资以后，学校再也不能自筹资金给教师发奖金了。"受伤"的学校主要是那些"热门学校"，它们再也不能收取择校费了。而绩效工资数额是抵不上原先自筹的那部分收入的。谁能接受实施绩效工资之后收入不增反降呢？

再次是校内干群之间的不平衡。一些教师不能接受学校管理层（干部）的绩效工资高于教师。比如上海，规定校长的绩效工资应该是教师绩效工资平均数的2倍，其他干部相应减少，但也比普通教师高。有的教师可能会想：你们当领导的不是都说吃苦在前享乐在后的吗？凭什么绩效工资比我们高？其实，教师并非真的不认同干部工作的价值，他们不满于干部增加的那部分收入是从他们头上剥夺的。在干部收入问题上，存在一种悖论，即如果干部品格很低，他们就不配得到那么高的绩效工资，而如果他们品格很高，就不应该与教师争利而应主动让出这份工资，因此无论他们品格高低，他们都不应该得到这份工资。

在干部收入问题上，任何理性的推导都不能说服教师，当"仇官"的情绪弥漫开来，说什么也都没有用。对教师解释说干部承担着比教师更重的责任，这是没有意义的，对教师说提高干部收入才能保持干部队伍的精英化，这也是没有意义的。教师天然地认为干部比他们舒服得多而且有不少其他方面的好处。在这种情况下，通过学校内部讨论的方式来给干部增加绩效工资是不可行的，因为干部再有权势，在学校里也仅占少数，至少在投票方面他们并不占优。于是，校长们普遍希望教育局能规定干部的绩效工资数额，并强制执行。

学校内部的不平衡还表现在后勤员工与教师之间。后勤人员一向认为自己是教师队伍中的一员，他们可能会想：凭什么教师的绩效工资要高于我们呢？大家都是人，同处一所学校，虽分工不同，但不都是在为教育做贡献吗？

其实最可能导致不平衡的是，学校并未为发放绩效工资做好评价方面的准备。绩效工资的发放必须依据令人信服的绩效评价制度，而迄今为止，对教师做出准确的评价是一个世界级的难题。

于是，这场旨在提高教师收入的改革，却遭遇了从未有过的尴尬，甚至在不少地区的不少学校成了一场闹剧。教育界一向号称无私奉献、远离金钱和功利，这次彻底地斯文扫地，暴露出了真实的人性。当为了可怜的几百甚至几十元的差距争斗不休时，教师这支队伍的社会声誉可能也会随之降到历史最低点。不过，也可能这支队伍从来不曾美丽过，他们只是在等待一个斯文扫地的机会，而这个机会终于来了，他们便迫不及待地撕破了脸皮。

九　改革为什么反而把人心搞坏了

按照上面给的方案，学校只有30%的绩效工资分配权。

绩效工资实际上不完全是根据绩效来分配的，所有钱被切成了三块。第一块是岗位津贴，第二块是课时津贴，这两块教育局有具体规定，操作起来比较简单，只要套用给定的公式就可以了。教师即使对方案有意见，也无可奈何。

第三块，也就是那30%，是留给学校自行分配的。每一所学校可能都不同，这一块搞得不好，校长会很有压力，老蒋所谓的"复杂"就是指的这一块的分配。老蒋说："这一块的分配方案涉及的面非常广，指标分得特别细，也很具体，所以我们学校还是蛮公正的。无论是教师还是职工，哪怕他们取得一点点儿成绩，也一定要在绩效工资里有所体现。我们校级层面的领导的主导思想就非常正确，也比较科学，数字也比较准确，教师之间的差距不是太大，我们没走什么弯路。"新小的绩效工资方案经过校内的反复讨论，最终在教代会上平稳地通过了。

老蒋觉得不太满意的不是自己本校30%的那部分绩效工资的分配方案，而是教育局对岗位津贴的规定，她认为有些对不起干部们。

"绩效工资的原则是向一线教师倾斜，班主任的系数是1.5，中层干部正职的系数也是1.5，而中层干部副职的系数是1.45，副校长的系数只有1.55，"老蒋说，"干部的系数太低了。因为实际操作中往往班主任获得奖金的机会远远高于干部，干部几乎不参加各种评比，所以他们就没什么其他方面的奖金，一年统计下来，教导主任的绩效工资还没骨干教师多。"

老蒋认为这很不公平:"从承担的责任和工作压力、工作量来讲,干部怎么就不如班主任呢?"面对这样的规定,老蒋也无可奈何。

可是,上级部门为什么会有意调低干部的收入呢?其实,上级领导也无可奈何。一些地区在拟订绩效工资方案时,一开始将干部的系数设定得比较高,结果遭到教师的强烈反对,有的地方甚至出现了教师罢课;在上海有教师在网站上把教育局和学校干部们大骂一通。这显然涉及社会稳定的问题,而稳定是当前以及未来最大的问题。

有没有一个让所有人满意的绩效工资分配方案呢?没有。所谓公平的方案其实是博弈的结果。当教师这边的反对声强烈时,方案就要偏向于教师,这样才会稳定;而如果后勤人员的力量强大,天平就会向后勤倾斜。只是干部们的"觉悟"可能高些,他们是沉默的一群,因为他们还要计算自己的"政治前途"。觉悟高的人,在这个世道,就要做好自我牺牲的准备。

可有些教师并不买这个账,他们会认为干部们手中有权,他们一定会有灰色收入的,虽然他们表面上拿得不多,可事实上他们真的拿得不多吗?一些教师对干部们的怀疑并非空穴来风,"仇官"也不是没有道理的。"既然得不到什么好处,这些人为什么还贪恋着位子不下来?"教师们的推理就是如此直接,总是充满怀疑精神。

"绩效工资把好多人的心态搞坏了,"老蒋说,"教师是良心工作,一切用钱来衡量,动不动就把工作和钱联系起来,这很可怕。"老蒋的言辞中充满忧虑。在看重学校精神的老蒋看来,她苦心经营的新小文化可能会被绩效工资搞垮。

以前,新小基本上没有可自由支配的钱,教师们都很淳朴。现在,要发绩效工资了,可能有些教师会计较起来,学校于是变得复杂起来了。比如,班主任外出学习半天,请其他教师代管一下班级,是不是就要把班主任的钱拿出半天的来支付给代管人呢?这个问题以前从来不是什么问题,而现在很可能就是个问题,而且是个复杂的问题。

人事干部杨老师的工作也变得复杂起来。杨老师是绩效工资领导小组成员，一看到绩效工资方案，她的头都晕了。

她说，方案"那么复杂，一开始没有头绪，解读文件，然后整合自己学校原有的收入这块，很麻烦的"。她的工作就是按照上面的政策和学校的分配方案一笔一笔计算，一笔一笔核对。她有一种如履薄冰的感觉，晚上都睡不好，生怕搞错了引起教师的误解和不满。

十　评价到底如何实现公正性

绩效工资改革能否在新小获得成功，很大程度上取决于新小的绩效考核的公正性，这对新小的教师评价体系是个考验。而在教师评价方面，他们并不在行。新小从创办至今，一向是靠着文化价值和绵绵的温情达成平衡的，"硬碰硬"的绩效工资和绩效评价将打破这种平衡，而且很有可能葬送他们十年来所有的努力。

"绩效"一词来源于管理学，一般用于企业管理，中小学教师可能还是头一次听说这个词，可这个词就已经开始考验校长和教师们的心智了，虽然他们一开始谁也不明白绩效的含义究竟是什么。

有的人认为，绩效是指完成工作的效率和效能，也就是所谓的"又快又好"。但是那些对教育理解得格外深刻的人认为，教育最重要的是效果，而不是效率；效率不是教育应该追求的，追求效率只会导致急功近利，只会伤害教师和学生的生命质量，使他们越来越远离幸福，因此教育本质上是一种慢的艺术。

有的人认为绩效是指员工的工作结果，但是究竟如何来认定教师的工作结果本身充满争议，你不能说学生考试成绩好就一定是工作结果好，你也不能说学生对教师很满意就是工作结果好，教育关键是要促进学生的终身发展；而且，学生的学业成绩显然与诸多因素相关，比如，和学生的天资、家庭背景等高度相关，总不能让一个教师为学生的学业成绩负全部的和无限的责任吧，毕竟教育不是万能的。

有的人认为，绩效是指那种经过评估的工作行为、方式的总和，也就是员工的工作过程中的行为和行为方式是规范的，而他们的工作结果也是好的。即使我们都认同教师的工作结果就是学生的学业成绩,那么教师工作过程中的哪些行为和行为方式与学生的学业成绩相关呢?比如说,有的教师这么教很有效,而有些教师那么教也很有效,那究竟以哪一种方法作为标准呢?教无定法啊。有些教师备课很认真,一字一句地把上课准备讲的内容写下来,结果他们教得很好,而有些教师从来不那么做,结果可能教得更好!

还有人认为,绩效主要是指组织的绩效,也就是说主要是指学校所取得的工作业绩。从管理学的角度看,教师个人绩效的实现并不一定能保证学校是有绩效的。而如果学校的绩效目标被层层分解到每一个工作岗位以及每一个人,只要每一个教师达成了学校的要求,那么学校的绩效就实现了。但是,现在的绩效工资衡量的其实就是教师个人的绩效,无论学校办得如何,都不会妨碍教师得到这份工资,那些办得很好的学校的教师收入未必随之提高。因此,绩效特指学校绩效这一说法至少在本次绩效工资改革中是不会被采用的。

对教师进行绩效考核和评价的难度在于,管理者似乎很难将绩效本身是什么向教职员工解释清楚。在本次绩效工资制度实施前,显然教育主管部门对绩效的解释缺乏说服力,尤其是将干部岗位津贴和教师工作量全部纳入到绩效工资内,导致分歧越来越多,最终使这件加工资的喜事非但没有起到调动教师工作积极性并提高他们绩效的作用,反而败坏了学校固有的文化。

绩效工资的公平、公正性取决于绩效考核和评价的科学性,这是毫无疑问的。

科学的绩效考核和评价就要考虑到教师的绩效高低其实是受多方面因素影响的。比如,教师工作技能和能力,包括教师的个人天赋、智力、受教育水平等个人特点;比如,教师的激励因素,包括他们的工作积极性、自我效能感、他们的需要结构和价值观等;比如,教师承担某些工作任务的机会,这些机会未必是均等的;比如,他们的环境,即使不讨论学校与学校之间环境的差异性，就是在学校内部，不同的工作群体和团队之间也存在着文化环境、人际环境的差异性。

科学的绩效考核和评价方案还需要从多个不同的方面和维度对教师的绩效进行分析。不仅要考虑工作行为过程是否规范，还要考虑工作结果和他们自我发展的情况，考虑他们的出勤、服从性、合作态度、与其他岗位的沟通协调等方面，并根据学校工作目标和战略上的轻重缓急给出合适的权重。

科学的绩效考核和评价还要考虑到所有以上因素都是处在不断变化之中的，因此绩效也会不断发生变化。这就涉及绩效考评的时效性问题。

此外，科学的绩效考核和评价要防止教师只专注于自身利益的最大化，这只会加剧人际矛盾，破坏环境氛围，导致教师与教师之间的恶性竞争。在学校，只有个人的优秀转化为团队的优秀，才能实现学校的最大价值。因此，应将教师个人绩效成绩与团队的绩效成绩进行适当的挂钩，以培养学校内部的团队协作意识，强化教师对团队与学校的责任心和荣誉感。

如果中小学对以上这些关于绩效的基本常识缺乏认识，而教育主管部门也没有很好地加以引导，只靠一纸文件颁布实施这项涉及千百万教师切身利益的改革举措，不出乱子倒是奇怪的事。

新小的管理团队是抱着"摸着石头过河"的心态开始实施绩效工资改革的。不少学校从此鸡犬不宁，而新小却安然无恙，不能不说这又是个例外。

十一　听课、评课为什么只是做做样子的

随堂听课是新小也是所有中小学对教师的一种评价方式。一般都是由与教学相关的高层领导和部门领导听课，领导听不听课已经成为教师衡量干部是否深入一线体察民意和真实情况的一项标准，虽然这一标准未必是理性的。教导处孙主任一个学期要听 70 到 80 节课。

前些年，新小的领导们都是听随堂课的，也就是领导们可以事先不打招呼，突击听课，以发现常态中发生的问题。教师对这样的"推门课"表面上没有任何异议，但是心理上会产生恐慌，毕竟凡是预先不告知的检查，或多或少隐含着对教师不信任的意思。有些教师可能对某堂课事先准备不足，而怕给领导留下不良印象，在突遭领导推门的情况下可能会谎称这堂课是复习课或者练习课，来婉言拒绝领导听课。而一般领导们也会配合他们的谎言，"知趣地"悄悄离开教室。他们不会强行闯入，得饶人处且饶人，与人方便与己方便。相信即使领导们得体地退出，给该教师留下面子，这种做法比与他较真更能帮助教师改进。

后来新小调整了策略，决定以年级为单位进行调研，也就是听课按照一个一个年级组进行，他们在周五会向下周接受调研的年级发出预告，然后对这个年级的每一个教师进行地毯式的听课。实施这样的听课办法以后，人们就找不出拒绝干部们听课的理由了，他们在接受检查、考核方面显然受到了尊重。但是由此带来的问题就是，这些课的真实性受到了怀疑。随堂听课，教师毕竟呈现的是真实状态，而预告后的听课，教师可能会在领导们面前表演最好的一面，这显然会影响领导们对教师工作过程评价的准确性。

所以，新小的管理团队也一直在纠结，作为一种评价手段的听课、评课到底需不需要事先打招呼呢？

领导们随堂听课听些什么呢？

孙主任认为，首先要考察教师对教材的把握。一堂好课最基本的标准就是要把课上对，不能出现知识上的错误。其次是教师对学生的关注度。课是上给学生听的，教师在课堂上是不是目中有人，是不是与学生交流，是不是体现学生自主和参与，这些都很重要。最后是看学生的作业情况和学生的学习习惯。教师要让学生掌握良好的学习方法，提高他们自主学习的能力。

孙主任说了衡量一堂课的三条标准，但是这些标准只是她的标准，这些标准未必就是区教研室颁布的标准，未必是老蒋校长的标准，也未必是孙主任的顶头上司一兵副校长的标准，更未必是教师们的标准。

那么到底应该用什么标准来衡量一堂课？看来在这方面要达成一致意见似乎是困难的，也似乎是没有必要的和徒劳的。那是因为课堂教学只是教师教学工作过程中的行为和行为方式，而过程是为教学结果服务的，如果在教学结果方面不能达成一致意见，那么对过程达成一致意见有什么意义呢？这就是说，什么样的课是好课，还得先看你到底要什么结果。

也许在许多人看来，教学的结果就是学生的学业成绩，那么孙主任所说的三条标准是否都验证过了呢？也就是说，是不是有证据表明只要做好这三条，学生的学业成绩一定就能提高？孙主任的标准显然来自她的经验，而谁能保证一个人的经验就一定比另外一个人的经验更有效？如果某个教育界大咖认为，教学的结果根本不是什么分数，而是学生能力，那么他提出的课堂标准又会是什么呢？恐怕与孙丽红的标准就不一致了。如果另外一个教育局牛人认为，教学的结果根本就只是"学生所获取的经验"，他的标准显然也会与孙主任的标准大相径庭。好在新小的教师中没有这样的大咖和牛人，所以他们自然而然地相信领导，即使感觉到领导的想法似乎哪里有问题，可也表述不出来，而且也拿不出更好的想法。

新小的领导们听完课之后，都要给教师做一个反馈，这个反馈并不是口头的和面对面的，而是书面的。书面反馈包括三张评价表：一张是学生学习习惯评价表，一张是学生作业本评价表，还有一张是教师课堂表现评价表。

很少有教师对这三份表格的打分结果存有异议，毕竟新小那些管教学的领导们是权威，老蒋在评述时骄傲地说"他们本人在教学业务上都是'响当当'的"。这样看来，在评价标准未必达成一致的情况下，领导们的权威与教师们对权威的信任、服从就成了决定因素。由此可见，这么高风险的绩效工资改革，要是管理层不能让教职员工信服，则更容易翻船。

管理层在给教师的课堂打分的时候，很能拿捏分寸，他们都是"与人为善"的，每位教师的得分毫无悬念地属于"良好""优秀"这两挡。这也在一定程度上回避了矛盾，因为"良好"和"优秀"都是好成绩，得到好成绩的教师，怎么会有异议呢？

对此，骨干教师朱逸婷认为，对她的工作本来就很难做出评价，即使是随堂听课，"教导处的老师也是来听热闹的"。

可是，大家都得到好成绩的话，绩效工资又怎么能拉开差距呢？

十二　绩效工资是如何将教育拖入功利化的泥淖的

要把绩效工资拉开差距，而且毫无争议地拉开差距，靠听课、评课打个分是没有说服力的，这就要找到那些不太会引发争议的评价指标，于是只剩下以下四项：岗位，考勤，工作量，学生的学业成绩。

首先是工作岗位。因为他们的是领导岗位、班主任岗位，所以他们就要比别人拿得多一些。如果你要问为什么，回答是"上面文件规定的啊，你有不同意见可以找上面啊"。所谓"上面"，一般是指教育局，谁会为了岗位津贴的事去找教育局？所以，由岗位定绩效工资至少在校内没有引发什么争议。老蒋可以向所有教师们解释：不是我们要多拿，上面文件就是这么写的。在这方面唯一可以有不满的，就是凭什么你当领导我就不能？我想这个问题在新小是不成立的，因为新小早就开始搞干部竞聘上岗了，你想当干部，这条通道是给你开着的。不会有人对班主任的岗位津贴表示不满的，因为即使绩效工资改革考虑到了班主任的利益，可是这个岗位还是缺乏吸引力的。

其次是考勤。如果你从来不会犯迟到、早退、旷工之类的错误，当然就会多得，关于这一条大家也是不会有任何争议的。

再次是工作量。工作量大的，就该多得，按劳分配嘛！而且上海对教师在校内的工作量是有标准的，这也好办。唯一可能有问题的就是有个别教师因为不能胜任工作而被管理层削减工作量，可能当事人缺乏自知之明并不认为自己不能胜任，那么管理层一定要拿出充分证据证明他不能胜任，这会有一点儿小麻烦。好在按工作量核定的绩效工资数额不大，倒是有不少教师宁愿减少工作量，而不在乎那几十块钱。

最后是考试成绩。这是证明工作绩效最有说服力的数据,可要是考试卷的信度和效度不高,出来的成绩未必能证明教学效果。然而命题人往往未受过专业训练,命题也不以课程标准为依据的话,信度和效度确实会存在问题。但不会有教师提出这方面的疑问,因为试卷一般由区教研室下发,其权威性总比学校自主命题强。提出疑问的倒是那些非考试学科,那些小学科本来就没有什么考试成绩,如何给予执教这些学科的教师公正的评价呢?新小的解决方案主要是参考组织学生参加区级及以上竞赛活动所取得的成绩。这就将这些学科发展导向于以赛促教上了。

由此,随着绩效工资改革的实施,新小的教育教学活动明显地倾向于"功利化"了,职位、考勤、工作量、考试和竞赛成绩,每一项考核指标都是实实在在的,那么清晰明了,这无疑窄化了教育的空间,于是,这场改革成功地将新小驱赶到了教育理想的反面。而这一切都是没有办法的办法,一切都是为了稳定。"看分数大家都没意见。"老蒋说。

说到以结果为导向的弊端,新小可能并不认同,管理层甚至认为对教学的过程管理本来就不那么重要。孙丽红说:"说白了,即使你不去管,这所学校也会这样运转下去,老师们会自动地去做好这些事情,因为大家都是把教学放在第一位的。你不去管,他们也是这样在上课,只是课的质量有些差别而已。"孙主任这番话的意思是,新小的教师普遍比较自觉,至少在工作态度上是毫无问题的。

与其他管理者一样,人事干部杨老师并不认为绩效工资能起多大作用。"绩效工资是把双刃剑,有些人可能思想上有疙瘩,会怨结,"她说,"有些班主任原来会抱怨工作太麻烦,觉得吃力,烦死了。现在,他们要是有抱怨,别人就可能会调侃,说你比我们多拿了钱,这是应该做的。"

老蒋也说:"其实,一个人从本质来说,在学校里做多少事,积极性高不高,不是完全冲钱来的。原先就认真负责的人,他会继续认真负责;而原先就马马虎虎的人,钱拿得再多,他也是马虎的。"

确实，在新小，不少教师并不是看在绩效工资的分儿上才努力工作的。绩效工资并不是与新小的每个教师有关，无论怎么打分，该干的活儿还是要干的。

比如体育老师，没有考试分数来烦他们，他们的工作态度是由什么决定的呢？体育教研组长李老师感觉到现在越来越累了，他每周要上18节体育课。每天早上7点钟，他就要出现在学校带运动队训练，学生放学后再接着带队训练到下午5：30；平时还要指挥学生做早操。他说一天之内可以休息的，大概就是中午吃饭这点儿时间了。

2008年开始，他觉得更累，因为那一年是奥运年。按理说，奥运会在北京召开，与一个上海郊区的体育教师没有太大关系。为响应奥运，市里、区里和学校的体育类活动多了起来，不组织学生参加是过不去的。2009年，奥运结束了，原以为可以稍稍歇歇的，嘉定区第四届运动会开始了，又是一大堆事。而这一大堆事都是他分内的事，与他的个人收入无关。即使他带的队伍获胜了，奖金也是少得可怜。

乒乓是新小的特色项目，新小还承担着区里学生乒乓队的训练任务。现在场地建得不错，可是"苗子"却成了问题。李老师叹气说，平时他就忙着"打电话抓人"，因为家长不送来。而家长不愿意把孩子送来倒不是怕孩子吃苦受累，而是担心影响学习。一开始，李老师这些当教练的会多挑些苗子，可是渐渐地孩子都不愿意来了。"每一次找的苗子能留下五六个就很不错了。"李老师说。

寒暑假要训练，那些孩子年纪还小，需要家长亲自送过来。有的家长说自己早上要睡觉，这么早起不来，于是就不带孩子来了。这就要打电话催，还要做他们的思想工作。在李老师看来，训练还是容易的，抓人确实不那么容易，而且越来越不容易。"我们这里一分钱都不收的，可他们不愿意来，有什么办法？"李老师说。

有时候，孩子语数英成绩特别差，他们的任课老师也会过来"抢"人，怕考不好拖班级后腿。但这样的情况不多，打乒乓的孩子学习成绩还是不错的。"四（1）班的两个小姑娘，一个考班级第一，一个考班级第二，"李老师不无得意地说，"我的孩子也跟着我打乒乓。"

至于他为什么还在承受那么累的工作，李老师解释为"只要自己开心就好了"，他的所谓开心与绩效工资没有关系。

音乐老师朱逸婷并不十分清楚为什么要搞绩效工资，她说，以前当"穷教师的时候，觉得教师是个崇高的职业"。从课时津贴来看，"我们音体美是最低的一个层次了"，"不过，我对生活的要求是，如果有1000元，我就过1000元的生活"。她并不那么关注绩效工资，至于公平不公平、合理不合理，她爽快地说，"这是文件的问题"。

新小的一位教师写道："当我走上讲台时，学生们呼喊着'老师好'，那声音稚嫩又热情，清澈又甜润，欣喜与幸福感油然而生。"

这些教师在享受这一切时并没有想到过报酬的问题。绩效工资可能对他们维持这样的状态是有帮助的，绩效工资也可能会伤害他们的灵魂，使他们迅速地走向功利性的一面。如果真的实施以结果为导向的绩效工资，真的放弃过程评价和过程管理，教师们的工作态度会真的没有问题吗？

老蒋从来不认为绩效工资可以调动教师的积极性，新小创立至今，一直不是靠金钱的。她认为对教师的评价考核"越简单越好，现在人为地搞复杂了"，"有个朋友去澳大利亚学习了一个月，回来后跟我讲，那边教师工资就是按级别定好的，能胜任的话明年学校继续聘你，不行的话就换到偏远的学区"。

十三　上级文件要求是如何与学校实际相结合的

　　为帮助学校做好绩效考核和评价，早些年嘉定区教育局就拿出了一份全区通用的《教师工作评价指标体系》供学校参考和使用，新小管理层在研究本校的绩效评价体系时，拿着这份文件研读了好几遍。

　　第一是评价教师的"政治修养"。这项指标是用于考察教师的政治态度的。而所谓的政治态度就是指教师"热爱祖国，拥护中国共产党的领导，坚持四项基本原则，积极参加学校组织的各项政治活动"。但是，有没有一项评价技术能考察出人的政治态度呢？显然没有。于是，这项指标在新小就被简化为"政治学习不随意缺席"和"不参加邪教组织"这两项了，而评价结果也仅分为合格与不合格。估计这两项新小教师都会被打为"合格"的，就是放到全中国，估计所有教师都是合格的，虽然他们的"政治修养"未必就真的如此过硬。

　　第二是考察教师的"师德修养"。对师德的衡量主要看教师有没有体罚、变相体罚学生的现象；能不能以大局为重、服从安排，与同事团结合作；是不是对本班学生进行有偿家教；学生、家长的满意率是不是高；是不是遵守学校规章制度；是不是积极参加社区及志愿者活动等。以上这些指标都是可以衡量的，因此操作起来并不困难。新小设定的指标中要求教师"衣着整洁得体、语言规范健康、举止文明礼貌、作风正派"，这一条似乎很难测定，好在新小也没有教师被大家认为衣着不得体，作风不正派，否则容易引发一些争议。

　　第三是关于教育工作的评价指标。这项指标主要用于衡量班主任的工作，与大部分不担任班主任的教师没有太大的关系，只是在条款中罗列了一些教师必须防止的失职行为。比如，"课堂中无因失职而引起的学生伤重事故""上课期间不得擅自让学生离开教室"等。至于条文中要求教师将"将德育融入学科教学"这一条，基本也是属于无法考证的。

第四是关于教学工作的评价指标。这是整个评价体系中最重要的部分，涉及教学过程中的备课、上课、作业、课外辅导等环节，只是这些环节的打分在新小是没有多大差别的，大家都是优良。而真正有差别的是关于学生学业成绩的评价，新小的条文里说"在同学科、同年级中取得的成绩或在原有基础上的提高"，意思就是，考得比别的班好，考得比自己班以前好，就可以加分。在全部的考核评价中，这一条短短的一句话，比政治修养和道德修养的评价标准简单得多，却也有用得多。

第五是关于教研和科研的评价指标。这主要看教师是不是参加并完成教师业务培训，是不是参加学校教研活动，是不是参加课题研究和按时完成小结。其实，教师只要参加各项学习，按时交出文章就行，所以这项指标在教师间也不会有什么太大的差别。

第六是关于工作负荷的评价指标。无非是不迟到不早退之类，教师之间也不会区别太大。

评价指标体系的最后一项是"特色加分"，这是为了鼓励教师在区里和市里获奖，为学校争光。

对这套评价指标体系，新小的干部和教师是接受的。令管理层困惑的是，按照评价指标，教师的工作都是可以量化的，可为什么还要由学校的考核小组来打分呢？指标都那么细了，将各项分值相加就是教师的绩效考核分，教导处只要将这些考核分交给考核小组审核就可以了，何必让考核小组再独立为每个教师打分呢？这不是多此一举吗？

新小对教育局让考核小组打分很不理解，万一考核小组打分的结果与依据量化指标评定的分值不一样，怎么办呢？到底是以考核小组的打分为准还是以量化评定的分值为准？事实上，在新小已经出现过这样的情况，一名教师的量化分值属于优等，可是考核小组却没有给他优等。这令这名教师很是不解：难道我的工作还做得不够好？如果我的工作做得不够好，那怎么量化下来会达到优等呢？岂不是量化指标存在问题？如果我的工作确实做得很好，量化评价准确地衡量了我的工作，认为我是优等，那为什么考核小组不给我优秀，是不是考核小组中有人对我不满意，有意陷害我？

新小领导们尤其不能理解的是，考核小组打分还必须显示出成员们对教师的评价有分歧。如果每个成员都给某人打9分，那么这些数据就会无法输入教育局统一提供的统计软件，也就是说，考核小组是绝不可以对某人的工作绩效达成一致意见的。这着实让考核小组成员伤透了脑筋。

对此，老蒋说："优秀教师占全体教师人数的15%，反正是要选出优秀教师，考核小组再怎么打分也得依据量化的结果。"于是，新小形同虚设的考核小组，每个成员为了让数据可以被设定的软件接受，为了让教师在学期结束前如期拿到绩效工资，他们一起玩着数字的游戏。这大概就叫作上有政策下有对策，我们从来不缺乏民间智慧。

最终，绩效工资方案在新小被通过了，这可能主要是因为新小员工的单纯，加上干部的谦让，再加上一些策略。

为了确保稳定，新小领导层接到教育局通知的第二天就着手准备了，并在一周内连续开会讨论实施方案和对策。"大家讨论得太激烈了，一直讨论到晚上10：45，"老蒋说，"我觉得凡事有一个接受的过程，教师们从原先不理解到认同，最后皆大欢喜，这就是一个妥协的过程。"

老蒋说，在这个过程中领导层经常做出妥协，她承认，"这不是一个科学的方案，也谈不上完美，但是教职工接受了就是合理的"。为此，她愿意妥协。

有些人是必须做出牺牲的，"尤其是干部，干部如果和有的人一样看在钱的分儿上的话，就真的没办法干了，怎么干呢"。

十四　稳定压倒一切

既要实现绩效工资，又要保全来之不易的良好的工作状态，全中国的校长们可能都在为这件事烦心。哪里去寻找这样的两全之策？其实，两全其美的办法是找不到的。

实施绩效工资改革，新小必然会付出代价，而新小在这一改革中的全部努力其实并不在于真正地去推动改革，新小将心思花在了如何消解绩效工资可能或者已经带来的负面效应上。新小不由自主地将"稳定"作为改革的出发点和归宿。

第一，管理层在分配金钱的时候却将教师的注意力引向金钱之外的东西。老蒋这帮人不断地告诉教师们，有些东西比钱更珍贵，这些东西在新小比比皆是，值得这里的人们去享用，比如友情，比如面子。老蒋说，并不是每个教师都会找到除了金钱以外的所谓意义的，但是学校要做的就是相信教师，相信他们不会甘于成为金钱的奴仆。

第二，管理层将绩效工资解释为对工作取得成绩后的一种价值承认，而不是工作之前的承诺。老蒋说，如果告诉他们的教师，给你们钱，你们去工作吧！结果就会发现，教师们将越来越不努力工作。而如果告诉教师们，去工作吧，你会得到你想得到的，包括应得的报酬，结果会发现教师们很努力地工作着。我想，那是因为，如果将绩效工资解释为教师努力工作的前提和条件，其实是对教师的"侮辱"，只会消解教师的工作愿望；将绩效工资解释为教师努力工作的结果，而且是结果之一，则可能让教师有尊严地去发现教育工作本身的意义。于是，在管理层小心翼翼的操作下，绩效工资在新小被精心扮成迷人的天使，而不是魔鬼。

第三，是有意淡化绩效工资。在新小的方案中，并没有有意识地强化"拉开差距"。也就是说，他们并没有引发教师们去认知绩效工资"按劳分配、质优多得"的原则，他们甚至淡化了学校自主分配的那30%的权力。他们只是扮演着上级政策执行者的角色，他们以不彻底的改革保存了学校得之不易的人际关系和原有的文化。

第四，绝不做出令人惊讶之举。管理层让教师们下意识地认同绩效工资，让大家认为绩效工资根本就不是什么新玩意，就好像在走廊里、在楼梯口遇见了一个久违的老朋友。新小在这次绩效工资改革中没有推出任何新政策，就像在一个孩子无意识的情况下给他扎针一般。因此。新小没有人苏醒过来后去纠缠于一些没有意义的争论。在新小，一切照旧。如果新小的所有人都意识到对这份很特别的绩效工资方案必须三思而后行，即使这份方案非常完美，它也容易将学校拖入危险之中。

第五，新小的蔷薇文化在平稳推动绩效工资改革时也起到了作用。

如果将新小的文化主张比作一面镜子的话，教师们在镜子面前"自我意识"会增强，人们的自我意识一旦增强就会对态度产生影响。这面镜子不断地在忠告教师，可以主张自己的权利，但是不可表露出自己的贪欲，不可使自己失去优雅，教师的这种态度使新小的绩效工资方案在静悄悄中得以通过。

学校文化给人们提供了一种关注自己内在信念的方法，让教师们在镜子面前观察自己的行为，他们在镜子面前的自我觉知可以加强教师言行之间的一致性，而"言行一致无疑是一种令人兴奋的和谐"（蒙田语）。

新小的教师们希望自己看起来与学校文化所主张的是一致的，这并不表示他们虚伪，因为新小的教师很淳朴，这也就使得他们如此真实。

第六，新小的幸运还在于这所学校没有出现"刁民"。人们将那些带有无赖、狡猾、奸诈特征的人称为"刁民"。在现有体制下，没有人能对付"刁民"，因此，他们的存在常常在学校起到负面的示范作用。

他们屡屡得手，他们的行为和行为方式会诱发其他人态度的改变，从而导致其他人行为的变化。而只要有人反对绩效工资方案，他们就会认真地扮演反对者的角色，而且在遇到阻力时，会更加坚定地扮演这一角色。那是因为一旦成为反对者，他们的行为将持续地影响他们的态度甚至他人的态度。之所以愈加坚定，是因为他们倾向于将自己的行为解释为正确的，他们坚持自己所相信的，更相信自己所坚持的。

新小没有出现"刁民"，这是幸运，也与新小管理层从来不设防有关。他们从来不蛮横地指责教师，羞辱教师，他们主张相互赞美和夸奖。绩效工资方案中，新小也是尽量地鼓励教师，找各种理由为教师加分而不是扣分。因此，十年来，反对者和反对者集团并未出现，而且新小的教师都希望给人留下良好的印象，他们都认为自己是与金钱保持距离的人，他们努力使自己看上去与他们所声称的一致起来。

第七，校长的个人努力。在构思和实施绩效工资的过程中，老蒋承受着维护学校稳定的压力，她很焦虑。当一个人的脑海中存在着两种想法或信念时，就会感到紧张，心理上就处于一种失调的状态。为了缓解这种不愉快的情绪，老蒋经常与同事、伙伴商量，她不断地调整自己的想法，不断地做出"妥协"，直到她的决策被大家认同，她的所有焦虑才得以释放。

绩效工资方案一共由三个板块构成，前两个板块无须老蒋决策，她的工作只是解读和安抚。向所有教职工做出准确的解读，而后对所有"受害者"进行安抚，这项工作并不对她构成压力，因为她的上级就是她的后盾。

真正让她烦恼的是第三个板块，即本校自己的分配方案。在设计这个板块时，没有任何人给她任何指令，她面临着诸多不确定因素，她突然发现自己失去了力量。而这时，新小的同事们给予了她安慰，至少在领导班子内，没有人将自己置身事外，他们激烈的争论反而让老蒋恢复了力量。

第八，让大多数人参与其中。虽然有些人对上级关于绩效工资的规定颇有看法，可是最终大家都接受了，即使在接受的时候他们是"无可奈何"的。那是因为指令来自上级，上级是教育局和人事局而不是某某具体的领导，那些有机构做背景的权威的决定显然更容易被接受。在新小，发布绩效工资分配方案的虽然是老蒋，而教职工们都知道，发布者是学校行政会议，不仅是行政会议，还有绩效工资改革领导小组，不仅是绩效工资改革领导小组，还有党支部和教代会。而在这所小小的学校，这四个机构的人数已经占了学校教职工的大多数。

最后是学校规模小。新小规模小，员工少，因此大家可以坐在一起讨论敏感问题，显然，较小的空间距离会提升员工的服从率。那些为绩效工资闹得纷纷扬扬的学校多半是大规模的学校。

总之，新小的绩效工资方案之所以被通过，或者说那些不彻底的改革之所以会得到认可，是因为新小有效地说服了教职工。而新小之所以能成功地说服教职工，是因为：作为信息传达者的老蒋和权威机构在新小享有信誉，也享有权威性；作为信息内容的新小的方案并未让人感觉唐突，这个方案的保守性很好地保持了人们的下意识；作为沟通渠道，新小的小规模增强了人们的服从性；作为信息接收者的教职工，学校的文化主张使他们的自我意识强烈地监控着他们的言行，而幸运的是学校里并没有出现蛮横的反对者，于是冲突没有萌动的机会。

在中国式学校，改革其实是不重要的，重要的是把关口平安地应付过去。新小的经验告诉我们，没有什么过不了的关口，只要"团结"就好。而确保团结，就要让所有人知道改革是为了促进所有人的福祉，没有任何人的幸福可以被忽略，而最不能被忽略的就是教师的幸福。为了使教师们相信这一点，无论何时，新小都在小心呵护着彼此的信任关系。

而信任又是由真诚和坦率铸就的，在心与心之间真诚和坦率无疑是最短的距离。新小的真诚和坦率并不仅仅是对内的，当笔者作为外来者试图窥探学校运行的奥秘的时候,他们可以提高全透明的条件,足以可见他们的真诚近乎"傻"了。

  于是,我探究到的学校的秘密就是,这所学校没有什么不可告人的秘密。